JN328008

諸手当の決め方・運用の仕方

会社の差別化・公平性・モチベーションアップに活用できる

荻原 勝 著
Masaru Ogihara

経営書院

はじめに

　毎月支払われる給与（賃金）は、「労働の対価」と「生活の保障」という２つの性格を持つものです。

　給与の中心を構成するのは、いわゆる「基本給」です。したがって、基本給で「労働の対価」と「生活の保障」という２つの条件を同時に満たすことができれば、それに越したことはありません。

　しかし、実務上、それはきわめて難しいことです。そこで、基本給とは別に、付加的・補完的に一定の金銭を支給し、給与の支給目的を補完することが考えられています。基本給とは別に、付加的・補完的に支給されるものを一般に「諸手当」といいます。

　諸手当にはさまざまなものがありますが、家族手当、役付手当、営業手当、通勤手当などは、代表的な手当です。

　本書は、諸手当の一つひとつについて、はじめに、「その手当の支給目的」を簡単に述べたうえで、「手当の決め方・運用の仕方」を実務に即して具体的に解説したものです。手当を支給するときは、その取扱基準を明確に定める必要があるため、「モデル支給基準」を紹介しました。

　諸手当には、実にさまざまなものがあるため、その性格や支給目的を基準として、次の８章構成としました。

　　第１章　生活関連手当
　　第２章　通勤手当
　　第３章　職務関連手当（１）
　　第４章　職務関連手当（２）
　　第５章　勤務形態関連手当
　　第６章　業績手当
　　第７章　特別勤務関連手当
　　第８章　自己啓発・健康管理手当

なお、時間外勤務手当、休日勤務手当および深夜勤務手当は、いわゆる諸手当には含まれないため、本書では取り扱っていません。

　月例給与については基本給だけ支給し、諸手当はいっさい支給しないという会社は、きわめて少ないでしょう。

　どのような手当を支給するか、手当の金額をどのような基準で決めるか、どのように運用していくかは、給与管理上重要な問題です。

　本書が給与管理の現場において役に立つことを願っています。

　最後に、本書の出版に当たっては、経営書院の皆さんに大変お世話になりました。ここに記して、厚く御礼申し上げる次第です。

　2014 年　夏

荻原　勝

目　次

はじめに

第1章　生活関連手当

第1節　家族手当……………………………………………… 2
第2節　子ども手当…………………………………………… 10
第3節　住宅手当……………………………………………… 14
第4節　地域手当（都市手当）……………………………… 22
第5節　寒冷地手当（燃料手当）…………………………… 27
第6節　単身赴任手当（別居手当）………………………… 31
第7節　食事手当……………………………………………… 39

第2章　通勤手当

第1節　通勤手当……………………………………………… 44
第2節　新幹線通勤手当……………………………………… 52
第3節　自動車・バイク通勤手当…………………………… 57
第4節　自転車通勤手当……………………………………… 71

第3章　職務関連手当（1）

第1節　営業手当（外勤手当）……………………………… 80
第2節　窓口手当（接客手当）……………………………… 88
第3節　裁量労働手当（専門業務型）……………………… 92
第4節　裁量労働手当（企画業務型）……………………… 98
第5節　商品開発手当………………………………………… 104
第6節　資格手当……………………………………………… 108
第7節　特殊作業手当………………………………………… 111
第8節　屋外作業手当………………………………………… 115

第9節　自動車運転手当……………………………………… 120
　　第10節　役付手当……………………………………………… 132
　　第11節　資格等級手当………………………………………… 146
　　第12節　駐在員手当…………………………………………… 152

第4章　職務関連手当（2）

　　第1節　小集団活動手当……………………………………… 156
　　第2節　研修手当……………………………………………… 160
　　第3節　繁忙手当……………………………………………… 164
　　第4節　プロジェクトチーム手当…………………………… 168
　　第5節　リクルーター手当…………………………………… 174
　　第6節　メンター手当………………………………………… 180
　　第7節　携帯電話手当………………………………………… 186

第5章　勤務形態関連手当

　　第1節　交替勤務手当………………………………………… 190
　　第2節　時差勤務手当（シフト勤務手当）………………… 195
　　第3節　出向手当……………………………………………… 200
　　第4節　応援派遣手当………………………………………… 204
　　第5節　在宅勤務手当………………………………………… 207

第6章　業績手当

　　第1節　業績手当（全社型）………………………………… 216
　　第2節　業績手当（店舗型）………………………………… 221
　　第3節　業績手当（個人型）………………………………… 226

第7章　特別勤務関連手当

第1節　年末年始手当……………………………………… 232
第2節　呼出手当…………………………………………… 236
第3節　待機手当…………………………………………… 240
第4節　宿日直手当………………………………………… 243
第5節　精皆勤手当………………………………………… 247

第8章　自己啓発・健康管理手当

第1節　自己啓発手当……………………………………… 254
第2節　リフレッシュ手当………………………………… 258
第3節　人間ドック手当…………………………………… 263
第4節　健康管理手当……………………………………… 266

第1章

生活関連手当

第1節　家族手当
第2節　子ども手当
第3節　住宅手当
第4節　地域手当（都市手当）
第5節　寒冷地手当（燃料手当）
第6節　単身赴任手当（別居手当）
第7節　食事手当

第1節　家族手当

1　家族手当支給の目的

　結婚したり、子どもが生まれたりして扶養家族が増えると、これまで以上に生活費が増加する。

　扶養家族が増えたときに、それに伴う生活費の増加の一部を補助し、生活の安定を図るところに、家族手当支給の目的がある。

　会社は、社員が結婚・出産などによって扶養家族が増加した場合に、家族手当を支給すべき義務はない。しかし、多くの会社が家族手当を支給している。家族手当は、代表的な手当として定着している。

2　家族手当の決め方・運用の仕方

（1）　家族の範囲

　家族手当を支給する場合には、その支給対象となる扶養家族の範囲を明確にすることが必要である。扶養家族の範囲については、

　・配偶者と子のみとする

　・配偶者と子の他に、弟妹と親（実父母・養父母）を加える

などがある。

（2）　家族手当の決め方

　家族手当の決め方には、主として、

　・配偶者、子、弟妹、親等の別に決める

　・配偶者のみ特定し、その他は扶養人員順に決める

　・扶養人員順に決める

などがある。

　人事院が民間企業を対象に行った調査によると、家族手当の決め

方の比率は、
- ・配偶者、子、弟妹、親等の別に決める　　39％
- ・配偶者のみ特定し、その他は扶養人員順に決める　　32％
- ・扶養人員順に決める　　25％
- ・その他　　4％

となっている。

表1　家族手当の決め方（月額）

	例
配偶者、子、親等の別に決める	配偶者　　　　　　　　15,000円 子（一人につき）　　　4,500円 親（一人につき）　　　3,000円
配偶者のみ特定し、その他は扶養人員順に決める	（例1）〜一般的なケース〜 配偶者　　　　　　　　15,000円 第一子　　　　　　　　5,000円 第二子　　　　　　　　4,000円 第三子以下（一人につき）　3,000円 （例2）〜第二子以下の手当を増額するケース〜 配偶者　　　　　　　　15,000円 第一子　　　　　　　　5,000円 第二子　　　　　　　　7,000円 第三子　　　　　　　　9,000円 第四子以下（一人につき）　11,000円
扶養人員順に決める	第一扶養　　　　　　　15,000円 第二扶養　　　　　　　4,000円 第三扶養　　　　　　　3,500円 第四扶養以下（一人につき）　3,000円
扶養人員ごとに決める	1人の場合　　10,000円 2人の場合　　16,000円 3人の場合　　21,000円 4人の場合　　25,000円 5人の場合　　28,000円

（3） 配偶者の支給制限

　一口に「配偶者」といっても、その実態はさまざまである。いわゆる専業主婦で、収入がゼロの者もいれば、近くのスーパーやサービス業などでパートとして働き、一定の収入を得ている者もいる。中には、正社員としてフルタイムで働き、相当の収入を得ている者もいる。

　家族手当の支給目的は、扶養家族の増加に伴う生計費の補助にある。このため、一定の収入のある配偶者については、支給対象から除外するのが現実的である。この場合には、

・所得税法上の控除対象者に支給する
・健康保険の被扶養者を対象に支給する
・年間収入が○○万円以下の者とする

などというように、支給条件を明確にする。

（4） 子の支給制限

　一口に「子」といっても、その年齢はさまざまである。また、働いている子もいる。

　家族手当を支給している会社の多くは、年齢や学校等について、一定の支給制限を設けている。支給制限としては、

・18歳までとする
・18歳または高校卒業までとする
・22歳までとする
・22歳または大学卒業までとする
・就学中は支給する（年齢制限あり）
・就学中は支給する（年齢制限なし）

などがある。

　なお、年齢制限を設ける場合には、社員に誤解を与えることのないよう、制限の内容をはっきりさせることが必要である。

　例えば、「18歳まで」と表記すると、

・18歳の誕生月まで
　　・18歳の誕生月の前月まで
　　・18歳未満
　　・18歳到達後、最初の３月まで

など、さまざまな解釈が可能であるため、誤解が生じる可能性がある。

　誤解が生じることのないよう、「18歳の誕生月まで」「18歳の誕生月の前月まで」あるいは「18歳未満」というように、正確に表記する。

（5）　父母の支給制限

　一口に「父母」といっても、その実態はさまざまである。第一線で現役として働き、相当の収入を得ている者もいれば、現役をリタイアし、国民年金または厚生年金保険の老齢年金で生活している者もいる。

　家族手当支給の目的は、扶養家族の生計費の補助にある。このため、一定の収入のある父母については、支給対象から除外するのが現実的である。この場合には、配偶者の場合と同じように、

　　・所得税法上の控除対象者に支給する
　　・健康保険の被扶養者を対象に支給する
　　・年間収入が〇〇万円以下の者とする

などと、支給条件を明確にする。

表２　配偶者・子・親の支給制限

配偶者	・所得税法上の控除対象者に支給する ・健康保険の被扶養者を対象に支給する ・会社独自の収入制限を設ける
子	・18歳までとする ・18歳または高校卒業までとする ・22歳までとする ・22歳または大学卒業までとする
親	・所得税法上の控除対象者に支給する ・健康保険の被扶養者を対象に支給する ・会社独自の収入制限を設ける

（6）　人数等による支給制限

　家族手当を支給している会社の中には、
　・扶養家族の人数について制限する
　・家族手当の支給額の上限を設ける
などの支給制限を行っているところがある。

　各種の調査によると、その比率は、
　・人数または金額の制限を設けている　　40％程度
　・制限は設けていない　　60％程度
となっている。

　人数等で制限するのは、「他の手当とのバランスを取る（家族手当だけが突出するのを防ぐ）」「人件費負担の抑制を図る」などの理由による。

　支給制限をする場合には、その内容を明確にする。人数の面で制限する場合には、例えば、「3人まで」「4人まで」あるいは「5人まで」と定める。

　また、金額の上限を設けるときは、「25,000円まで」「30,000円まで」などと上限を定める。

（7）　管理職の取り扱い

　課長・部長等の管理職は、一般に、その職務上の地位に配慮して、相当の役付手当（管理職手当）が支給されているうえに、基本給そのものが高く設定されている。このため、「管理職には、生活保障的な家族手当を支給する必要はない」という意見から、家族手当を支給していな会社が少なくない。

　ある調査によると、その比率は、
　・管理職にも家族手当を支給している　　55％
　・管理職には家族手当を支給していない　　45％
となっている。これを企業規模別にみると、「規模の大きい会社ほど、支給していない会社の比率が高い」という傾向がある。

管理職に対して家族手当を支給しないことにするときは、管理職の範囲を具体的に定める。例えば、「課長以上に対しては、支給しない」「部長以上に対しては、支給しない」などと定める。

3　モデル支給基準

家族手当支給基準

1　家族手当の支給
　扶養家族を有する者の生活の安定に資するため、家族手当を支給する。
2　扶養家族の範囲
　（1）　配偶者
　　所得税法上の控除対象者に限る。
　（2）　子
　　同居・別居は問わない。ただし、22歳未満または大学生以下で、かつ所得税法上の控除対象者に限る。
　（3）　父母（養父母を含む）
　　同居・別居は問わない。ただし、65歳以上、かつ所得税法上の控除対象者に限る。
3　支給額（月額）
　（1）　配偶者　14,500円
　（2）　子　一人につき3,500円
　（3）　父母　一人につき3,000円
4　支給の手続き
　家族手当の受給を希望する者に対し、所定の届出書を所属長を経由して提出することを求める。届出に当たり、戸籍抄本を添付させる。この場合、必要と認めるときは、収入に関する証明書その他、事実を確認することのできる書類の提出を求める。

届け出た内容に変更があったときは、届け出ることを求める。
5　支給の開始・変更・停止
　届出のあった翌月から、家族手当の支給を開始し、変更し、または停止する。
6　家族手当の返還
　虚偽の届出または届出の怠慢等により、不当に家族手当の支給を受けた者については、以後その支給を停止し、すでに支給した額の返還を求める。

　　　　　　　　　　　　　　　　　　　　　　　　　　　　以上

(様式1)　扶養家族届（採用時に提出させるもの）

〇〇年〇〇月〇〇日
〇〇株式会社殿
　　　　　　　　　　　　　　　　　　　　　　　〇〇部〇〇課
　　　　　　　　　　　　　　　　　　　　　　　〇〇〇〇印

　　　　　　　　　　　扶養家族届

氏名	続柄	生年月日	学校・大学・学年	職業	前年の所得	備考
1						
2						
3						
4						
5						
6						

　　　　　　　　　　　　　　　　　　　　　　　　　　　　以上
（注）戸籍抄本を添付すること。

(様式2)　扶養家族異動届

○○年○○月○○日

○○株式会社殿

○○部○○課

○○○○印

扶養家族異動届

氏名	続柄	生年月日	異動の内容	異動の年月日	備考
1					
2					
3					

以上

(注)　異動があったときは、速やかに提出すること。

(様式3)　扶養家族申告書(採用後、毎年4月1日に提出させるもの)

○○年○○月○○日

○○株式会社殿

○○部○○課

○○○○印

扶養家族申告書

○○年4月1日現在の扶養家族は、次のとおりです。

氏名	続柄	生年月日	学校・大学・学年	職業	前年の所得	備考
1						
2						
3						
4						
5						
6						

以上

第2節　子ども手当

1　子ども手当支給の目的

　多くの会社が、扶養家族を持つ社員に対して家族手当を支給している。家族手当は、扶養家族を持つことによる生活費の増加を補てんするもので、役付手当や通勤手当などと並んで代表的・典型的な手当といえる。
　家族手当は、一般に、配偶者を中心に組み立てられている。配偶者の支給額と子どもの支給額との間には、相当の格差がある。
　これに対して、子ども手当は、「子育てを支援すること」「子を持つことに伴う生計費の増加を補助すること」を主眼とするもので、子どもだけを対象に支給される。
　近年、少子化の急激な進展に伴って育児負担を減少させ、子育てをしやすくする社会的環境を整備することの必要性が叫ばれているが、子ども手当は、そのような社会的な流れに沿ったものといえる。
　なお、最近は、家族手当を支給する会社において、「子育てを積極的に支援する」という趣旨から、配偶者への支給を取り止め、子どもへの支給額を増額するところが出ている。

2　子ども手当の決め方・運用の仕方

（1）　子ども手当の決め方

　手当の決め方には、
　　・一律とする
　　・出生順に決める
　　・子どもの人員で決める
などがある。

（2） 支給制限を設ける

表　子ども手当の決め方（月額）

一律方式	一人につき 10,000 円
出生順方式	（例1）〜一般的なケース〜 第一子　　　　　　　12,000 円 第二子　　　　　　　10,000 円 第三子　　　　　　　 8,000 円 第四子以下　1人につき 6,000 円 （例2）〜第二子以下の手当を増額するケース〜 第一子　　　　　　　12,000 円 第二子　　　　　　　15,000 円 第三子　　　　　　　20,000 円 第四子以下　1人につき 26,000 円
人員別方式	1人の場合　10,000 円 2人の場合　18,000 円 3人の場合　24,000 円

　子ども手当は、子育ての支援を目的として支給されるものであるが、支給原資には一定の限度がある。したがって、支給対象とする子どもについて、年齢または学校の面で一定の支給制限を設けるのが現実的であろう。

　支給制限としては、
- ・18 歳までとする
- ・18 歳または高校卒業までとする
- ・22 歳までとする
- ・22 歳または大学卒業までとする
- ・就学中は支給する（年齢制限あり）
- ・就学中は支給する（年齢制限なし）

などがある。

（3） 子どもの人数制限

　家族手当を支給している会社の中には、子どもについて「2人まで」とか、「3人まで」というように人数制限をしているところがある。

　しかし、子ども手当の場合は、「子育てを支援すること」がその支給目的であるから、人数制限はするべきではないであろう。

3　モデル支給基準

子ども手当支給基準

1　子ども手当の支給
　子どもを有する者に対して、子ども手当を支給する。ただし、22歳未満または大学生以下で、かつ、所得税法上の控除対象者とする。
2　支給額（月額）
　（1）　第一子　12,000円
　（2）　第二子　10,000円
　（3）　第三子　8,000円
　（4）　第四子以下　1人につき6,000円
3　支給日
　給与支給日に支給する。
4　支給の開始・停止
　子どもが出生した月から支給を開始し、22歳の誕生月の翌月、または大学を卒業した月の翌月から支給を停止する。

以上

(様式) 出生届

〇〇年〇〇月〇〇日

〇〇株式会社殿

〇〇部〇〇課

〇〇〇〇印

出生届

1	氏名	
2	出生年月日	
3	続柄	
4	その他	

以上

第3節　住宅手当

1　住宅手当支給の目的

　マイホーム（持家）のない者の立場からすると、就職先・勤務先に社宅・独身寮があり、すぐに入居できることが望ましい。しかし、社宅・独身寮が完備している会社は、規模の大きい会社を中心に一部の会社に限られている。
　社宅・独身寮の建設には、土地の購入費をはじめとして相当の資金が必要となる。このため、資金的にある程度のゆとりがなければ、建設できるものではない。
　就職先・勤務先に社宅・独身寮がなければ、借家または借間に入居せざるを得ないが、それには相当の費用が必要となる。特に、大都市の家賃は高額である。給与の相当部分が家賃で消えるというのでは、安定した生活、ゆとりのある生活はできない。
　一方、マイホームを有する者は、借家の居住者に比較して恵まれているといわれるが、マイホームの維持管理には固定資産税の支払いをはじめとし、修繕費など、相当のコストが必要となる。
　住宅手当は、住宅にかかわる経費を補助し、社員の生活の安定に資するために支給されるものである。
　各種の調査によれば、4～6割の会社が住宅手当を支給している。

2　住宅手当の決め方・運用の仕方
（1）　住宅手当の支給対象者
　住宅の賃貸やマイホームの維持・管理には、相当の費用が必要となる。このため、社員の生活保障、福祉の向上という観点からする

と、できる限り多くの社員に支給することが望ましい。

しかし、次に掲げる者には支給しないことにするのが妥当であろう。

・社宅に入居している者
・独身寮に入居している者
・親元から通勤している単身者

（2）　住宅手当の決定要素

住宅手当の決定要素としては、一般に、

・世帯構成
・住居形態
・地域・都市

等が使用されている。

世帯構成（世帯主・非世帯主、扶養家族の有無等）によって、住宅の床面積（スペース）が異なるのは当然である。配偶者や子を有する者は、扶養家族を有しない者に比べて、広いスペースを必要とする。

賃貸住宅の場合、スペースが広くなればなるほど、家賃は高額となる。持家の場合には、床面積が広くなればなるほど、固定資産税負担が重くなるし、修繕費も増す。

住宅形態も、住宅費に大きな影響を与える。一般に、借家のほうが持家よりも住宅費が多額となる。同じ借家でも、公団や自治体が運営する公営の借家は比較的割安であるが、民間の借家は割高である。したがって、住宅形態を住宅手当の決定要素とするのは、合理的・現実的である。

なお、持家に対しては、「借家に比較して住宅費の負担が少ない」などの理由から、住宅手当を支給していない会社もある。

地域によって、住宅費に差があるのは、いうまでもない。賃貸住宅の家賃は、一般に、大都市のほうが地方都市よりも高額である。

同じ大都市でも、東京、大阪、名古屋では、一定の格差がある。このため、全国的に事業展開している会社は、地域によって住宅手当に一定の差を設けるのが合理的・現実的といえる。

　このほか、役職、資格等級、職掌（総合職・一般職）、年齢などを住宅手当の決定要素としている会社もある。

表1　住宅手当の決定要素

世帯構成	・世帯主か、非世帯主か ・扶養家族がいるか、いないか ・扶養家族が何人いるか
住宅形態	・借家か、持家か ・借家の場合、民間賃貸か、公営賃貸か
地域・都市	・地域、都市はどこか ・東京地区か、大阪地区か、名古屋地区か、それ以外の地区か
役職	・役付か、役付でないか ・役職は、部長、課長、それとも係長か
資格	資格等級は、社員1級～3級、社員4級～6級、社員7～9級のいずれか
職掌	総合職か、一般職か
年齢	社員の年齢は何歳か
その他	

（3）　住宅手当の決め方

　住宅手当の決め方は、
　・世帯構成、住居形態、地域・都市等の要素のうち、いずれか1つを基準として決める
　・2つ以上の要素を組み合わせて決める
　・一律に同金額を支給する
の3つがある。

　1つの要素を基準として決める場合、その基準としては、

・世帯構成を基準として決定する

・住居形態を基準として決定する

・地域または都市を基準として決定する

などがある。

　一方、2つ以上の要素を組み合わせて決める場合の決め方としては、

・世帯構成および住居形態を基準として決定する

・世帯構成、住居形態および地域・都市を基準として決定する

などがある。

表2　住宅手当の決め方（月額）

世帯構成基準方式	（例1） ・扶養家族を有する世帯主　　　　　20,000 円 ・扶養家族を有しない世帯主　　　　10,000 円
	（例2） ・配偶者または被扶養者を有する世帯主　20,000 円 ・単身世帯主　　　　　　　　　　　　10,000 円 ・その他　　　　　　　　　　　　　　 5,000 円
住居形態基準方式	（例1） ・借家・借間居住者　25,000 円 ・持家居住者には支給せず
	（例2） ・民間借家　　　　20,000 円 ・公営借家　　　　10,000 円 ・民間借間　　　　10,000 円 ・自宅　　　　　　 5,000 円
世帯構成・住居形態基準方式	・配偶者または被扶養家族を有する世帯主 　賃貸住宅　20,000 円 　持家　　　10,000 円 ・配偶者・被扶養家族を有しない世帯主 　賃貸住宅　10,000 円 　持家　　　 5,000 円

世帯構成・地域基準方式	（例1） ・世帯主 　　東京地区　　18,000 円 　　東京以外　　 9,000 円 ・非世帯主 　　東京地区　　 6,000 円 　　東京以外　　 3,000 円 --- （例2） ・配偶者を有する世帯主 　　東京地区　　30,000 円 　　近畿地区　　20,000 円 　　その他　　　10,000 円 ・単身者 　　東京地区　　15,000 円 　　近畿地区　　10,000 円 　　その他　　　 5,000 円
世帯構成・住居形態・地域基準方式	世帯主で、主たる生計の維持者に次の住宅手当を支給する。 　・東京近郊の場合 　　民間賃貸　　30,000 円 　　公営賃貸　　20,000 円 　　持家　　　　10,000 円 　・関西地区の場合 　　民間賃貸　　20,000 円 　　公営賃貸　　15,000 円 　　持家　　　　 8,000 円 　・名古屋地区の場合 　　民間賃貸　　15,000 円 　　公営賃貸　　12,000 円 　　持家　　　　 6,000 円
世帯構成・役職方式	同居家族を有する世帯主に、役職に応じて支給する。 　・部長・支店長・同等待遇者　　28,000 円 　・部次長・同等待遇者　　　　　26,000 円 　・課長・同等待遇者　　　　　　24,000 円 　・主任　　　　　　　　　　　　22,000 円 　・社員　　　　　　　　　　　　20,000 円
一律方式	一律 16,500 円。ただし、親元同居者は除く

（4） 管理職の取り扱い

　課長・部長等の管理職に対しては、
- 役付手当（管理職手当）を含めて、相当の給与が支給されている
- 給与は、本来的に、職務の内容（重要度・責任度・困難度）に応じて決定されるべきである
- 給与体系は、簡潔なほうが望ましい

などの理由から、住宅手当を支給していな会社が少なくない。

　ある調査によると、住宅手当を支給している会社を100とした場合、その比率は、
- 管理職にも住宅手当を支給している　　67％
- 管理職には住宅手当を支給していない　　33％

となっている。これを企業規模別にみると、「規模の大きい会社ほど、支給していな会社の比率が高い」という傾向がある。

　管理職に対して住宅手当を支給しないことにするときは、管理職の範囲を具体的に定める。例えば、「課長以上に対しては、支給しない」「部長以上に対しては、支給しない」などと定める。

3　モデル支給基準

住宅手当支給基準

1　住宅手当の支給対象者
　　世帯主である者
2　支給額（月額）
　（1）扶養家族を有する世帯主
　　　　　民間借家　20,000円
　　　　　公営借家　10,000円
　　　　　持家　5,000円

（2）　扶養家族を有しない世帯主
　　　　民間借家　10,000 円
　　　　公営借家　5,000 円
　　　　持家　3,000 円
3　支給の手続き
　住宅手当の受給を希望する者に対し、所定の届出書の提出を求める。届け出た内容に変更が生じたときは、届け出ることを求める。
4　支給の開始・変更・停止
　支給は、届出のあった月から開始し、変更する。また、退職したときは、その翌月から支給を停止する。
5　住宅手当の返還
　虚偽の届出または届出の怠慢等により、不当に住宅手当の支給を受けた者については、以後その支給を停止し、すでに支給した額の返還を求める。

　　　　　　　　　　　　　　　　　　　　　　　　　　以上

(様式1)　住宅届

　　　　　　　　　　　　　　　　　　　　　　　○○年○○月○○日
○○株式会社殿

　　　　　　　　　　　　　　　　　　　　　　　　　　○○部○○課
　　　　　　　　　　　　　　　　　　　　　　　　　　○○○○印

　　　　　　　　　　　　　住宅届

所在地	
住居の種類	□民間借家　□公営借家　□持家　□その他
入居開始日	○○年○○月○○日
扶養家族の有無	□あり　□なし
扶養家族	□配偶者　□子（　人）　□父母（　人） □その他（　人）　合計　人
備考	

　　　　　　　　　　　　　　　　　　　　　　　　　　　　　以上

(様式2)　住宅変更届

　　　　　　　　　　　　　　　　　　　　　　　○○年○○月○○日
○○株式会社殿

　　　　　　　　　　　　　　　　　　　　　　　　　　○○部○○課
　　　　　　　　　　　　　　　　　　　　　　　　　　○○○○印

　　　　　　　　　　　　住宅変更届

変更の内容	
変更のあった年月日	
備考	

　　　　　　　　　　　　　　　　　　　　　　　　　　　　　以上

第4節　地域手当（都市手当）

1　地域手当支給の目的

　地域・都市によって、物価水準や生計費が異なる。物価が全般的に高い地域・都市もあれば、それほど高くはないところもある。また、住宅、教育、交通、衣料、食料などの価格が高く、生計費が相当かかる地域・都市もあれば、比較的安いコストで暮らせるところもある。

　一般に、大都市ほど、人口や事業所が集中しているために、物価が高く、生計費がかさむという傾向がある。

　給与の金額が同一であっても、物価や生計費の相違により実質的な生活に差異が生じるというのは、合理的ではない。同じ会社に勤務し、同じ仕事をしながら、給与収入で実現できる生活に差異が生じるのは、公平ではない。

　複数の事業所を有する会社は、地域（事業所所在地）による物価・生計費の差異について一定の配慮をすることが望ましい。

　それぞれの地域の物価や生計費の差異から生じるアンバランスを補正し、実質賃金の平準化を確保することが、地域手当の目的である。

　なお、この地域手当については、「都市手当」「勤務地手当」「物価調整手当」と呼んでいる会社もある。

　厚生労働省の「就労条件総合調査」によると、地域手当を支給している会社の割合は、従業員30人以上の民間会社の12〜13％程度である。

　（寒冷地手当も地域手当の1つといえるが、これについては別に解説する。）

2　地域手当の決め方・運用の仕方

（1）　地域手当の決め方

　地域手当の決め方には、

　・地域別に定額で決める

　・地域別に定率で決める

　・地域別に定額＋定率で決める

の3つがある。

　中央労働委員会が民間企業を対象に行った調査によると、これらの採用状況は、（地域手当を支給している会社＝100）

　・地域別に定額で決める　73％

　・地域別に定率で決める　16％

　・地域別に定額＋定率で決める　9％

となっており、定額方式が広く採用されている。

　基本給等に一定の率を乗じるという「定率方式」は、地域ごとの物価・生計費格差を反映させる方法として合理的であるが、実際には、あまり採用されていない。これは、

　・定期昇給や昇進・昇格に伴う昇給などで給与が上昇すると、地域手当も自動的に増額となる

　・昇給の都度、地域手当を変更しなければならず、手間がかかる

などの事情によるものであろう。

（2）　定額方式の決め方

　定額方式の場合、定額の決め方には、主として、

　・全員同額とする

　・扶養家族の有無別に決める

　・扶養家族の人員別に決める

　・職位別に決める

などがある。

表　地域手当の決め方（月額）

全員同額とする	・次の都市の事業所に勤務する者に対し、次の金額。 東京　　30,000 円 大阪　　20,000 円 名古屋　10,000 円
扶養家族の有無別に決める	・扶養家族あり 東京　　40,000 円 大阪　　30,000 円 名古屋　20,000 円 ・扶養家族なし 東京　　25,000 円 大阪　　22,000 円 名古屋　14,000 円
扶養家族の人員別に決める	・扶養家族なし 東京　　25,000 円 大阪　　22,000 円 名古屋　14,000 円 ・扶養家族1人 東京　　33,000 円 大阪　　29,000 円 名古屋　22,000 円 ・扶養家族2人 東京　　40,000 円 大阪　　33,000 円 名古屋　26,000 円 ・扶養家族3人以上 東京　　44,000 円 大阪　　36,000 円 名古屋　30,000 円

職位別に決める	・部長 東京　　35,000 円 大阪　　30,000 円 名古屋　25,000 円 ・課長 東京　　30,000 円 大阪　　25,000 円 名古屋　20,000 円 ・係長 東京　　25,000 円 大阪　　20,000 円 名古屋　15,000 円 ・社員 東京　　20,000 円 大阪　　15,000 円 名古屋　10,000 円
資格等級別に決める	・社員7～9級 東京　　35,000 円 大阪　　30,000 円 名古屋　25,000 円 ・社員4～6級 東京　　30,000 円 大阪　　25,000 円 名古屋　20,000 円 ・社員1～3級 東京　　25,000 円 大阪　　20,000 円 名古屋　15,000 円
定率方式	東京　　基本給×8％ 大阪　　基本給×6％ 名古屋　基本給×4％
定率＋定額方式	東京　　基本給×6％＋20,000 円 大阪　　基本給×4％＋15,000 円 名古屋　基本給×2％＋10,000 円

（注）　東京、大阪、名古屋に事業所を有する会社を例とした。

3　モデル支給基準

地域手当支給基準

1　地域手当の支給
　次の都市に所在する事業所に勤務する者全員に地域手当を支給する。
　　東京地区
　　大阪地区
　　名古屋地区

2　支給額（月額）

	扶養家族を有する者	扶養家族を有しない者
東京地区	40,000 円	25,000 円
大阪地区	30,000 円	22,000 円
名古屋地区	20,000 円	14,000 円

（注）　扶養家族の範囲は、配偶者、18歳未満の子、65歳以上の親とする。

3　支給の開始・変更・停止
　上記の地区の事業所に配属になった月から支給を開始し、上記以外の地区の事業所に異動した月の翌月から支給を停止する。
　勤務地または扶養家族に変更が生じたときは、変更が生じた月の翌月から変更後の地域手当を支給する。

以上

第5節　寒冷地手当（燃料手当）

1　寒冷地手当支給の目的

　北海道、東北、北陸などの寒冷地では、他の地域に比較して燃料費、衣料費などが余計に必要となる。他の事業所の社員と同じ仕事をしながら、燃料費、衣料費などが余分にかかり、それだけ家計支出が多くなるという事情を放任しておくのは、人事管理上問題であろう。

　会社としては、寒冷に起因する家計支出の増加を補正し、実質賃金の平準化を確保することが望ましい。寒冷地手当・燃料手当は、そのような目的で支給されるもので、地域手当の一種といえる。

2　寒冷地手当の決め方・運用の仕方

（1）　寒冷地手当の支給対象者

　寒冷地手当の支給対象者は、その性格上、「寒冷地の事業所に勤務する者」とする。

（2）　支給額の決め方

　支給額の決め方には、

　・「灯油1リットル当たり単価×年間使用見込量」で決める

　・定額で決める

の2つがある。

　各種の調査によると、この2つの採用率は、ほぼ半々となっている。

　定額方式の場合、定額の決め方には、

　・全員同額とする

　・世帯主、非世帯主別に決める

・扶養家族の有無別に決める

・扶養家族の人員別に決める

などがある。

表　寒冷地手当の決め方（定額方式の場合）（月額）

全員同額方式	1ヶ月当たり 12,000 円
世帯主・非世帯主別に決める	世帯主　　20,000 円 非世帯主　10,000 円
扶養家族の有無別に決める	扶養家族あり　20,000 円 扶養家族なし　10,000 円
扶養家族の人員別に決める	扶養家族なし　　　　10,000 円 扶養家族1人　　　　15,000 円 扶養家族2人　　　　17,000 円 扶養家族3人　　　　19,000 円 扶養家族4人以上　　21,000 円

（3）　寒冷地手当の支給期間

　寒冷期間を踏まえて、手当の支給期間を具体的に定める。

　北海道経営者協会が行った支給実態調査によると、北海道の場合、10月から3月までの6ヶ月としている会社が最も多い。

（4）　一括支給・毎月支給

　支給時期については、

・寒冷期のはじめに一括して支給する

・何回かに分割して支給する

の2つがある。

　北海道経営者協会が行った支給実態調査によると、北海道の場合、

・一括して支給する　75％

・分割して支給する　25％

となっている。

　一括支給の場合は、「10月支給」が主流を占め、分割支給の場合は、

「2ヶ月ごとに支給」が最も多い。

(5) 廃止の動き

　寒冷地手当は、燃料費負担の補てんが主たる目的であるが、冬季に暖房費がかかるという事情は、寒冷地以外でも同じである。関東でも、関西でも、あるいは、九州・四国でも、冬季は暖房なしには暮らせない。

　また、寒冷地以外の地域では、夏季に相当の冷房費がかかる。

　このため、「寒冷地に限って暖房費を補てんする」という取り扱いは、バランスを欠くものといえる。このため、近年は、「冷暖房の家計支出の均衡を図る」という観点から、寒冷地手当を廃止する会社が出ている。

3　モデル支給基準

寒冷地手当支給基準

1　寒冷地手当の支給
　次の事業所に勤務し、かつ、世帯主である者に対して、寒冷地手当を支給する。
　（1）　札幌支店
　（2）　仙台支店
2　支給額（月額）
　（1）　扶養家族を有する世帯主　20,000 円
　（2）　扶養家族を有しない世帯主　10,000 円
3　支給期間
　10 月から翌年 3 月までの 6 ヶ月
4　支給日
　10、12 および 2 月の給与支給日に 2 ヶ月分ずつ支給する。
5　支給の開始・変更・停止
　上記支店に配属になった年の 10 月から支給を開始する。
　扶養家族の有無に変更があったときは、その翌月から変更後の手当を支給する。
　上記以外の事業所に異動になったとき、休職したとき、または退職したときは、その翌月から支給を停止する。

以上

第6節　単身赴任手当（別居手当）

1　単身赴任手当支給の目的

　複数の事業所を有する会社の場合、転勤（事業所間の人事異動）は、経営上必要不可欠である。

　各社とも、転勤については「家族帯同」を原則としている。しかし、子の教育問題、親の介護、さらには住宅の関係などから、単身赴任を希望する者が少なくない。家族帯同の原則に固執していたのでは、転勤人事に著しい支障が生じる。このため、ある程度柔軟に対応せざるを得ない。

　単身赴任の場合には、家族とは別に生活することになるため、生計費が余計にかかる。また、単身赴任は、精神的負荷が重い。

　単身赴任手当（別居手当）は、単身赴任に伴う生計費の増加と精神的負荷を補償する目的で支給されるものである。

2　単身赴任手当の決め方・運用の仕方

(1)　単身赴任手当の決め方

　単身赴任手当の決め方には、

　・基本給または基準内給与の一定割合とする（定率方式）

　・定額で決める（定額方式）

の2つがある。

　定率方式の場合には、

　・上限額を設ける

　・上限額は特に設けない

の2つがある。

単身赴任者の立場からすると、上限が設けられていないのが望ましい。しかし、上限を設けないと、
- 支給額が増大する
- 単身赴任を奨励することになる
- 他の諸手当とのバランスが失われる

などの可能性がある。このため、「1ヶ月当たり○万円までとする」というように、上限を設けるのも止むを得ないであろう。

定額方式の場合、その決め方には、
- 全員同額とする
- 役職別に決める
- 資格等級別に決める
- 自宅と赴任先との距離別に決める

などがある。

表　単身赴任手当の決め方（月額）

定率方式	（例1） 基本給×10%
	（例2） 基本給×10%。但し、5万円を限度とする。
	（例3） 基準内給与×8%
定額方式（全員同額）	役職、資格等級等にかかわらず、35,000円
定額方式（役職別）	部長　55,000円 課長　45,000円 係長　35,000円 一般　30,000円
定額方式（資格等級別）	参事・理事　　60,000円 主事・参事補　50,000円 主任・主事補　40,000円 社員3級以下　30,000円

定額方式（自宅との距離別）	200km 未満　　　　　30,000 円 200～400km 未満　　40,000 円 400～800km 未満　　50,000 円 800km 以上　　　　　60,000 円
定額方式（都市別）	東京　　　50,000 円 大阪　　　45,000 円 名古屋　　40,000 円 それ以外　35,000 円

（2）　単身赴任手当の支給期間

　単身赴任手当の支給期間については、

　・特に期間を制限しない

　・期間を制限する（一定の期間が経過した後は、支給を停止する）
の2つの取り扱いがある。

　単身赴任者の立場からすると、支給期間が制限されていないことが望ましい。しかし、支給期間を制限しないと、

　・支給額が増大する

　・単身赴任を奨励することになる

などの可能性がある。このため、例えば「2年以内とする」というように、支給期間の上限を設けるのも止むを得ないであろう。

（3）　単身赴任者への支援策

　単身赴任者への支援策としては、単身赴任手当の支給のほか、

　・定期的に自宅へ帰る旅費の支給

　・自宅へ帰る特別休暇の付与

　・住宅、寮の提供

　・家具、什器等の提供

などがある。

　単身赴任者の経済的・精神的な負担が軽減されるよう、さまざまな支援策を講ずることが望ましい。

3　モデル支給基準

単身赴任手当支給基準

1　単身赴任手当の支給

　転勤を命令された場合に、会社の許可を得て単身で赴任する者に対して、単身赴任手当を支給する（会社の許可を得ない者に対しては、支給しない）。

2　支給額（月額）
　（1）　部長級　55,000円
　（2）　部次長級　50,000円
　（3）　課長級　45,000円
　（4）　課長補佐級　40,000円
　（5）　係長級　35,000円
　（6）　社員　30,000円

3　支給日

　給与支給日に給与に合わせて支給する。

4　支給の開始・変更・停止

　単身赴任を開始した月から支給を開始し、単身赴任を中止した月の翌月から支給を停止する。給与計算期間の途中から単身赴任を開始したとき、または中止したときは、日割計算により支給する。

　単身赴任中に役職が変更になったときは、その翌月から変更する。

　単身赴任を中止したときは、その翌月から支給を停止する。

以上

(様式1)　単身赴任手当申請書

○○年○○月○○日

○○株式会社殿

○○部○○課

○○○○印

単身赴任手当申請書

1	赴任先事業所	
2	赴任日	
3	赴任先住所	
備考		

以上

(様式2)　単身赴任手当支給一覧

単身赴任手当支給一覧（○○年度）

人事部

氏名	赴任先	役職	赴任日	単身赴任手当	備考
1					
2					
3					
4					
5					
6					
7					

以上

（参考）転勤規程

転勤規程

（総則）
第1条　この規程は、転勤について定める。
2　「転勤」とは、他の事業所への人事異動をいう。
（適用者の範囲）
第2条　この規程は、総合職の社員（以下、単に「社員」という）に適用する。
（転勤命令）
第3条　会社は、業務上必要であると認めるときは、社員に対して転勤を命令する。
2　社員は、転勤を命令されたときは、その命令に従って転勤しなければならない。
（転勤の期限）
第4条　転勤を命令された者は、1週間以内に赴任しなければならない。
2　止むを得ない事情により1週間以内に赴任することができないときは、あらかじめ会社の許可を得なければならない。
（家族の帯同）
第5条　転勤を命令された者は、家族を帯同して赴任しなければならない。
（単身赴任）
第6条　前条の定めにかかわらず、次のいずれかに該当するときは、単身で赴任することを認める。
（1）　配偶者が出産予定日の1ヶ月前以内であるとき、または出産後2ヶ月を経過していないとき
（2）　赴任先において、子の適切な転校先が存在しないとき、ま

たは転校が困難であるとき

（３）　介護を必要とする親がいるとき

（４）　同居している家族が入院しているとき

（５）　家を新築または増築中であるとき

（６）　配偶者が職業に就いているとき

（７）　その他家族帯同に困難な事情があるとき

２　止むを得ない事情により単身で赴任するときは、あらかじめ会社の許可を得なければならない。

３　単身赴任を許可され、単身赴任をしていた者が単身赴任を中止するときは、あらかじめ会社に届け出なければならない。

（業務の引き継ぎ）

第７条　異動を命令された者は、後任者との間において業務の引継を完全に行わなければならない。

（付則）

この規程は、　　年　月　日から施行する。

(様式3)　単身赴任許可願

○○年○○月○○日

○○株式会社殿

○○部○○課

○○○○印

単身赴任許可願

1	赴任先事業所	
2	赴任予定日	
3	単身赴任を希望する理由	
4	単身赴任期間	□当分の間 □○○年○○月○○日まで（予定）
5	赴任先の住所	
6	留守宅住所	
備考		

以上

(様式4)　単身赴任中止届

○○年○○月○○日

○○株式会社殿

○○部○○課

○○○○印

単身赴任中止届

1	単身赴任を中止する理由	
2	中止日	
3	新しい住所	
備考		

以上

第7節 食事手当

1 食事手当支給の目的

　社員の立場から見た場合、働くうえでさまざまなコストがかかるが、食事代もその1つである。

　給食施設(社員食堂)があれば、比較的安い料金で昼食を食べることができる。昼食のために社外へ出るという不便を蒙ることもない。しかし、給食施設がない場合には、

　　・家から弁当を持参する
　　・コンビニや、スーパーなどで弁当を買う
　　・市中のレストラン、食堂などで食べる

などの方法を取ることになるが、いずれの方法も相当の費用がかかる。このため、会社が費用の一部を補助してくれると助かる。

　食事手当は、一般に、昼食の費用を補助するものである。

2 食事手当の決め方・運用の仕方

(1) 食事手当の決め方

　食事手当の決め方には、

　　・月当たり定額で支給する
　　・1日当たり定額で支給する
　　・1食当たり定額で支給する

などがある。

　食事手当を実施している会社について、その取り扱いをみると、「月当たり定額で支給する」というところが圧倒的に多い。

　1ヶ月定額方式が広く採用さているのは、

・計算が簡単であること
・社員にとって分かりやすいこと
・就業日数が月によってほぼ一定していること
などによるものであろう。

　なお、1ヶ月定額方式を採用している会社の場合、事業所の所在地によってその金額に差を設けているところがある。

表　食事手当の決め方

月当たり定額方式	（例1） 昼食補助として、月額 5,000 円
	（例2） 東京・大阪　　　　　　9,600 円 その他　　　　　　　　7,500 円
1日当たり定額方式	1日 300 円
1食当たり定額方式	（例1） 1食 250 円
	（例2） 時間外勤務が午後7時以降に及んだ場合に限り、1食 300 円を支給

（2）　管理職の取り扱い

　食事手当を支給する場合は、管理職に支給するか支給しないかを決める。

　家族手当や住宅手当の場合には、管理職には支給していないところが過半数を占めるが、食事手当の場合には、管理職にも支給している会社が過半数を占める。

3　モデル支給基準

食事手当支給基準

1　食事手当の支給

　給食施設のない事業所に勤務する者に対して、食事手当を支給する。管理職も含む。

2　支給額（月額）

　（1）　東京本社に勤務する者　8,000円

　（2）　それ以外の事業所に勤務する者　5,500円

3　支給の開始・停止

　給食施設のない事業所に異動した月から支給を開始する。給食施設のある事業所へ異動したときは、その翌月から支給を停止する。

　給与計算期間の途中で異動になったときは、日割計算により支給する。

以上

第2章

通勤手当

第1節　通勤手当
第2節　新幹線通勤手当
第3節　自動車・バイク通勤手当
第4節　自転車通勤手当

第1節　通勤手当

1　通勤手当支給の目的

　通勤手当は、通勤に必要な費用の全部または一部を支給するというものである。

　諸手当には、家族手当、住宅手当、役付手当など、さまざまなものがあるが、その中でも通勤手当は、最も代表的な手当である。各種の調査によると、ほとんどすべての会社が通勤手当を支給している。

　諸手当の中には、企業規模や業種によって支給率（支給している企業の割合）に差のあるものがある。

　例えば、家族手当や年末年始手当は、規模の大きい企業ほど、支給率が高い。また、特殊作業手当、宿日直手当、食事手当、呼出手当などの支給率は、製造業のほうが非製造業よりもはるかに高い。

　これに対して、通勤手当は、働く者の大半が公共交通機関を利用して通勤していることを反映し、企業規模や業種にかかわりなく広く採用されている。

2　通勤手当の決め方・運用の仕方

(1)　通勤手当の支給対象距離

　通勤手当の支給対象距離については、
　・特に条件を設けない
　・一定の条件を設ける
の2つがある。

　一般的には、「会社から2km以遠から通勤する者」という条件

が設けられている。

(2) 通勤手段の条件

通勤手段については、

・電車、バス等の公共交通機関に限定する

・公共交通機関以外に、自動車、バイク、自転車による通勤に対しても支給する

の2つがある。

これらのうちどちらを選択するかは、もとより各社の自由であるが、自動車やバイク等による通勤については、

① 事故・事件を起こしたり、巻きこまれたりする可能性がある

② 一定の駐車スペースを用意しなければならないが、その余裕がない

③ 駐車中に盗まれたり、損傷を受けたりする可能性がある

④ 車種、製造年、車体のカラー、車体の清掃状況などによっては、会社のイメージが損なわれる可能性がある

などの問題がある。このため、公共交通機関以外の手段による通勤は原則的に認めない会社が少なくない。

(3) 通勤手当の支給限度額

通勤手当の支給額については、

・限度額は設けない

・限度額を設ける

・一定の上限額を超える場合は、その一定割合を支給する

などの取り扱いがある。

社員の立場からすると、限度額が設けられていないのが望ましい。しかし、限度額を設けないと、通勤手当の支給総額が過大となる危険性がある。

通勤手当の総額を抑制するという観点から、限度額を設定するのは止むを得ないといえよう。

表　通勤手当の取り扱い（公共交通機関利用の場合）

限度額は設けない	
限度額を設ける	（例1） 1ヶ月30,000円を限度とする。
	（例2） 1ヶ月100,000円を超えない額とする。
一定額を超えるときは、一部自己負担	（例1） 1ヶ月50,000円を超えるときは、その半額を支給。
	（例2） 1ヶ月80,000円を超える部分については、その3分の1を支給する。

（4）　通勤手当の支給期間

　支給期間については、

　・1ヶ月分ずつ支給する

　・3ヶ月分ずつ支給する

　・6ヶ月分ずつ支給する

などがある。

　一般に、正社員については、月給制が広く採用されている。月給制の趣旨からすると、諸手当の1つである通勤手当も1ヶ月分ずつ支給するべきであろう。

　しかし、社員によって通勤経路が異なり、通勤手当の金額がまちまちであるから、通勤手当を1ヶ月分ずつ支給することにすると、相当の手間がかかる。

　また、通勤定期券は、1ヶ月よりも3ヶ月、3ヶ月よりも6ヶ月のほうが割安に設定されている。このため、6ヶ月の定期券を購入することによって、通勤費の節減を図ることができる。

　こうした事情から、6ヶ月分ずつ支給している会社が多い。

(5)　管理職の取り扱い

諸手当の中には、
- 役付手当も含めて、相当の給与が支払われている
- 管理職は、経営者を補佐する立場にある

などの理由から、管理職に対しては支給されていないものがある。

しかし、通勤手当の場合は、その金額が大きいこともあり、管理職に対しても支給されている。

(6)　現物支給か現金給付か

通勤手当の支給については、実務的に、
- 会社がバス会社、鉄道会社から定期券を購入し、それを社員に交付する
- 定期券代相当額を社員に現金で交付し、社員自身に定期券を購入させる

の2つの方法が考えられる。

社員によって、通勤経路が異なる。また、中途採用の多い会社の場合は、入社日がまちまちであるため、定期券の有効期間も異なる。このため、会社がバス会社、鉄道会社から直接定期券を購入することにすると、相当の手間が必要となる。手間がかかると、取扱ミスが生じる可能性がある。

このため、「定期券代相当額を社員に現金で交付し、社員自身に定期券を購入させる」という方法を取るのが合理的・現実的であろう。

3　モデル支給基準

通勤手当支給基準

1　通勤手当の支給

　会社から2km以遠から、公共交通機関で通勤する者全員に対して、通勤手当を支給する。ただし、次による通勤に対しては、支給しないものとする。

　（1）　新幹線
　（2）　グリーン車
　（3）　私鉄有料特急

2　支給額

　通勤定期券の全額。ただし、1ヶ月当たり100,000円以内とする。

3　支給期間

　6ヶ月分ずつ支給する。

4　支給の手続き

　通勤手当の受給を希望する者に対して、「通勤手当申請書」の提出を求める。転居等により通勤経路に変更のあったときは、変更届の提出を求める。

5　支給の開始・変更

　採用した月から支給を開始する。住所を変更したときは、定期券を解約させ、払戻金を会社に返金させる。そのうえで、新住所からの通勤定期代を支給する。

6　途中退職の取り扱い

　通勤定期券の有効期間中に退職するときは、定期券を解約させ、払戻金を会社に返金させる。

7　不正のあったとき

　通勤手当の受給について不正のあったときは、支給額の全額を返金させる。　　　　　　　　　　　　　　　　　　　　　　　以上

(様式1) 通勤手当申請書

○○年○○月○○日

○○株式会社殿

○○部○○課

○○○○印

通勤手当申請書

住所	

1　バス利用区間

乗車区間	
バス会社名・路線名	
乗車区間距離	
通勤定期券代（6ヶ月）	
備考	

2　鉄道利用区間

乗車区間	
鉄道会社名・路線名	
乗車区間距離	
通勤定期券代（6ヶ月）	
備考	

以上

（注）　最短経路によること。

(様式2) 住所変更による通勤手当変更申請書

○○年○○月○○日

○○株式会社殿

○○部○○課

○○○○印

住所変更よる通勤手当変更申請書

新住所	
転居日	

1　バス利用区間

乗車区間	
バス会社名・路線名	
乗車区間距離	
通勤定期券代（6ヶ月）	
備考	

2　鉄道利用区間

乗車区間	
鉄道会社名・路線名	
乗車区間距離	
通勤定期券代（6ヶ月）	
備考	

以上

（注）　最短経路によること。

(様式3)　住所変更・退職等に伴う通勤定期券解約届

〇〇年〇〇月〇〇日

〇〇株式会社殿

〇〇部〇〇課

〇〇〇〇印

住所変更・退職等に伴う通勤定期券解約届

解約の理由	□住所変更　□退職　□その他（　　　）
解約日	
解約払戻金（バス区間）	
解約払戻金（鉄道区間）	
解約払戻金（合計）	
備考	

以上

第2節　新幹線通勤手当

1　新幹線通勤手当支給の目的

　東京、大阪、名古屋などの大都市では、人口増や都心部の地価上昇などに伴って、通勤範囲が拡大している。一方、新幹線網の整備と本数の増加、スピードアップが進んでいる。これに伴い、新幹線通勤へのニーズが高まっている。

　新幹線通勤手当は、文字どおり、新幹線通勤の費用の全部あるいは一部を支給するというものである。手当を支給するときは、その取扱基準を明確にしておくべきである。

2　新幹線通勤手当の決め方・運用の仕方
(1)　新幹線通勤の手続き

　新幹線通勤は、社員にとって「通勤時間を短縮できる」「快適に通勤できる」「通勤の疲労を軽減できる」などのメリットがある。

　しかし、在来線に比べて料金が割高である。新幹線通勤を社員の自由に委ねると、通勤手当の総額がいたずらに増加しかねない。このため、新幹線通勤については、会社による許可制とするのが適切であろう。

　許可制とするときは、許可の基準を定める。例えば、
・会社までの通勤距離が100km以上で、かつ、通勤時間を30分以上短縮できること
・在来線を利用すると、通勤時間が2時間以上かかること
などの条件を設ける。

（2） 新幹線通勤手当の支給制限

　新幹線通勤について、支給制限を設けるか設けないかは、もとより会社の自由である。制限を設けないと、支給額が増大する可能性がある。このため、一定の支給制限を設けるのが現実的であろう。

　支給の限度を設ける場合、その設定方法としては、
　・金額による制限
　・距離による制限
　・支給率による制限
などがある。

　中央労働委員会その他の調査によると、
　・金額については、「10万円以内」
　・距離については、「150km以内」
　・支給率については、「80％以内」
という制限を設けているところが多い。

　支給制限を設ける場合は、在来線利用の場合の通勤手当とのバランスに十分配慮すべきであろう。

　在来線利用について、「1ヶ月当たり10万円まで」という制限を設けている場合には、新幹線通勤についても、「1ヶ月当たり10万円以内」とすべきであろう。

表　新幹線通勤手当の支給制限

金額による制限	（例1） 1ヶ月 80,000円まで
	（例2） 1ヶ月 100,000円まで
距離による制限	（例1） 片道 100km以内
	（例2） 片道 150km以内

53

支給率による制限	（例1） 新幹線定期券代の80％まで
	（例2） 在来線定期券代＋（新幹線定期券－在来線定期券代）×80％まで

3　モデル支給基準

新幹線通勤手当支給基準

1　新幹線通勤手当の支給

　次の条件を満たし、会社が新幹線通勤を認めた者に対して、新幹線通勤手当を支給する。

（1）　自宅の最寄駅と会社の最寄駅との距離が50km以上150km以内であること

（2）　在来線を利用すると2時間以上かかること。新幹線を利用することにより、通勤時間を短縮できること

（3）　持家から通勤すること

2　支給額

　新幹線通勤手当は、次の算定式により得られる金額とする。ただし、(1)、(2)のいずれの場合も、1ヶ月の通勤手当は100,000円を超えないものとする。

（1）　新幹線だけに乗車する場合

　　新幹線通勤手当＝新幹線通勤定期券代×0.8

（2）　新幹線のほか、新幹線の乗降駅に行くために、一部区間について在来線を利用する場合

　　新幹線通勤手当＝新幹線通勤定期券代×0.8＋在来線区間定期券購入代（全額）

3　支給期間

　3ヶ月分ずつ支給する。

4　支給の手続き

　新幹線通勤手当の受給を希望する者に対して、「新幹線通勤手当申請書」の提出を求める。住所変更等により通勤経路に変更のあったときは、変更届の提出を求める。

5　支給の開始・変更

　会社が新幹線通勤を認めた月から支給を開始する。住所を変更したときは、定期券を解約させ、払戻金を会社に返金させる。そのうえで、新住所からの通勤定期券代を支給する。

6　途中退職の取り扱い

　新幹線通勤定期券の有効期間中に退職するときは、定期券を解約させ、払戻金を会社に返金させる。

7　不正のあったとき

　新幹線通勤手当の受給について不正のあったときは、支給額の全額を返金させる。

以上

(様式)　新幹線通勤手当申請書

○○年○○月○○日

○○株式会社殿

○○部○○課

○○○○印

新幹線通勤手当申請書

| 住所 | |

1　新幹線利用区間

乗車区間	
乗車区間距離	
通勤定期券代（3ヶ月）	
備考	

2　在来線利用区間

乗車区間	
会社名・路線名	
乗車区間距離	
通勤定期券代（3ヶ月）	
備考	

以上

第3節　自動車・バイク通勤手当

1　自動車・バイク通勤手当支給の目的

　自動車・バイクによる通勤については、「事故・事件を起こしたり、巻きこまれたりする可能性がある」「一定の駐車スペースを用意しなければならないが、その余裕がない」などの理由から認めていない会社が多い。

　しかし、公共交通の便があまり良くなく、かつ、一定の駐車スペースを用意できる会社では、自動車・バイク通勤を認めざるを得ないであろう。認めないとしたら、社員の募集・採用や定着率の向上に支障が生じるであろう。

　また、自動車・バイク通勤には、「自宅から会社まで直接行ける」「時間に制約されない」「通勤について、プライバシーを保持できる」などのメリットがある。

　自動車・バイクによる通勤を認めるときは、その取扱基準を明確にしておくことが必要である。

2　自動車・バイク通勤手当の決め方・運用の仕方

（1）　自動車・バイク通勤手当の支給対象者

　自動車・バイク通勤については、

・社員の自由に委ねる

・会社への届出制とする

・会社による許可制とする

などの取扱いがある。

　自動車・バイク通勤については、交通事故の危険性がある。事故

を起こして第三者を死亡させたり、重大なけがを与えたりしたときに、その社員が無免許であったり、あるいは自動車保険に加入していなかったりしたことが発覚すると、会社の姿勢が厳しく問われる。また、会社の管理責任が問われることもある。

　このため、会社による許可制とし、
　・運転免許を取得しているか
　・自動車保険に加入しているか
　・過去に重大な事故を起こしていないか
などをチェックしたうえで、許可を与えることにするのがよい。

　そして、会社が許可した者に限って手当を支給する。

（２）　自動車・バイク通勤手当の支給対象距離

　自動車・バイク通勤手当を支給する対象距離を定める。

　対象距離は、公共交通機関利用の場合の距離に合わせるのが合理的・現実的である。電車・バスを利用して通勤する場合の手当の支給条件を「会社から２km以遠から通勤する者」としているときは、自動車・バイクについても、２km以遠とする。

（３）　自動車・バイク通勤手当の決め方

　自動車・バイク通勤手当の決め方には、主として、
　①　公共交通機関を利用した場合の通勤定期券代相当額とする
　②　片道通勤距離、燃費、ガソリン単価などにより算定する
　③　片道通勤距離に応じた定額を設定する
の３つがある。

　手当を支給している会社について、手当の決め方を見ると、約半数の会社が「片道通勤距離、燃費、ガソリン単価などにより算定する」という方式を採用しているが、「片道通勤距離に応じた定額を設定している」という会社も多い。

表1　自動車・バイク通勤手当の決め方（月額）

公共交通機関を利用した場合の通勤定期券代相当額方式	JR、私鉄、バス等の通勤定期券代に相当する金額を支給する。
片道通勤距離、燃費、ガソリン単価などにより算定する方式	（例1） （片道通勤距離×2×1ヶ月所定勤務日数÷燃費）×ガソリン代単価 （注）　燃費については、資源エネルギー庁作成の実走行燃費による。ガソリン代単価については、石油情報センター調査のレギュラーガソリン単価による。
	（例2） 往復通勤距離×1ヶ月平均勤務日数×1ℓ当たり燃料単価÷燃費
	（例3） （往復距離×ガソリン単価÷燃費）×（月平均勤務義務日数＋休日勤務見込み日数） （注）　燃費は、乗用車8km/ℓ、バイク20km/ℓ、とする。
片道通勤距離に応じた定額方式	（例1） 自動車、バイクとも、次の金額。 2～10km 未満　　4,100 円 10～15km　　　　6,500 円 15～25km　　　 11,300 円 25～35km　　　 16,100 円 35～45km　　　 20,900 円 45km 以上　　　 24,500 円
	（例2） ・自動車については、次の金額。 2～10km 未満　　4,100 円 10～15km　　　　6,500 円 15～25km　　　 11,300 円 25～35km　　　 16,100 円 35～45km　　　 20,900 円 45km 以上　　　 24,500 円 ・バイク、スクーターについては、次の金額。 2～5km 未満　　 1,500 円 5～10km 未満　　2,000 円 10km 以上　　　　4,000 円

（4）　片道通勤距離・燃費・ガソリン単価などによる算定のポイント

　自動車・バイク通勤手当の算定方式として約半数の会社が「片道通勤距離、燃費、ガソリン単価などにより算定する」という方式を採用している。

　この方式を採用する場合には、実務上、
　・通勤距離をどう算定するか
　・燃費をどのように取り扱うか
　・ガソリン単価の情報をどこから入手するか
　・1ヶ月の所定勤務日数をどのように算定するか
がポイントとなる。

　① 通勤距離

　自宅から事業所までの通勤距離については、
　・会社で算定する
　・社員に申告させる
の2つがある。

　社員が申告した距離を使用するのが便利である。この場合には、「最短距離で申告するよう」指導する。

　② 燃費

　燃費は、車種やメーカーなどにより異なる。燃費効率の良い自動車もあれば、あまり良くないものもある。

　社員に申告させるという方法もあるが、不公平が生じる可能性がある。また、社員一人ひとりによって燃費が異なると、会社の手間がかかる。このため、会社として統一するのが合理的である。

表2　燃費の決め方

車種別	排気量別（乗用車）
・普通乗用車　10km/ℓ ・軽乗用車　　15km/ℓ ・バイク　　　20km/ℓ	2000cc 以上　　　　　8km/ℓ 1800〜2000cc 未満　9km/ℓ 1400〜2000cc 未満　10km/ℓ 1400cc 未満　　　　11km/ℓ

③　ガソリン単価

　ガソリン単価は、需給バランス、中東地域の政治情勢などによって変動する。また、ガソリンスタンドによっても異なる。安いスタンドもあれば、相場以上のところもある。

　ガソリン単価の取扱いについては、
・社員が申告した価格を採用する
・最寄りのガソリンスタンドの販売価格とする
・石油情報センターが調査した価格を使用する
などがある。

　社員に申告させるという方法もあるが、不公平が生じる可能性がある。また、社員一人ひとりによってガソリン単価が異なると、会社の手間がかかる。このため、会社として統一するのが合理的である。この場合には、
・最寄りのガソリンスタンドの販売価格とする
・石油情報センターが調査した価格を使用する
のいずれかを採用するのがよい。

　④　所定勤務日数

　所定勤務日数は、月によって異なる。多い月もあれば、少ない月もある。通勤手当は、実費を補償するという性格の手当であるから、本来的には、各月の所定勤務日数を使用すべきであろう。

　しかし、1月は20日、2月は18日、3月は22日……というように、各月の日数を使用するのは、手間がかかる。

　計算の手間を省くという観点からすると、1年の月平均所定勤務日数を使用するのが便利である。

$$月平均所定勤務日数 = (365 - 年間所定休日数) \div 12$$

表3　片道通勤距離・燃費・ガソリン単価などによる算定のポイント

通勤距離	社員が申告した距離を使用する。
燃費	会社として、統一した燃費を使用する。 ・普通乗用車　　10km/ℓ ・軽乗用車　　　15km/ℓ ・バイク　　　　20km/ℓ
ガソリン単価	石油情報センターが調査した価格を使用する（支給月の前月の価格）。
1ヶ月所定勤務日数	月平均所定勤務日数を使用する。

（5）　有料道路・高速道路の利用

　有料道路・高速道路は、

　・快適に走行できる

　・混雑が少ない

などのメリットがある。

　このため、有料道路・高速道路を利用できる社員の場合は、それを利用して通勤したいところであろう。

　しかし、有料道路・高速道路は、当然のことながら特別の料金が必要となる。したがって、その利用は、認めないことにするのが適切であろう。

3　モデル支給基準

自動車・バイク通勤手当支給基準

1　自動車・バイク通勤手当の支給

　会社の許可を得て、2km以遠から自動車またはバイクで通勤する者に対して、自動車・バイク通勤手当を支給する。

2　支給額（月額）

　次の算定式による。

> 支給額＝(片道通勤距離×2×1ヶ月平均所定勤務日数÷燃費)×ガソリン代単価

（注）

① 上記算式において、燃費については、乗用車は10km/ℓ、バイクは20km/ℓとする。

② ガソリン代単価については、石油情報センター調査のレギュラーガソリン単価（支給日の直前の月の実績値）とする。

③ 有料道路・高速道路の利用は認めない。

3　支給日

給与支給日に支給する。

4　支給の開始・停止

自動車またはバイクによる通勤を開始した月から支給を開始し、自動車またはバイクによる通勤を停止した翌月から支給を停止する。

給与計算期間の途中から自動車・バイク通勤を開始するとき、または停止するときは、勤務日数に応じて支給する。

5　公共交通機関の乗車券代の不支給

自動車・バイク通勤者が、次の事由により一時的・臨時的に公共交通機関を利用して通勤する場合、その乗車券代は支給しない。

① 自動車またはバイクの故障

② 自動車の定期検査

③ その他個人的事情

6　罰則

次の場合には、支給を停止することがある。

① 重大な交通事故を起こしたとき

② 交通法規に違反し、関係機関から処分を受けたとき

③ 自動車・バイク通勤に関する社内規則に違反したとき

④ 自動車・バイク通勤に関して、会社の指示に従わないとき

⑤ その他自動車・バイク通勤者として不適格な行為のあったとき

以上

(様式1) 自動車・バイク通勤手当申請書

○○年○○月○○日

○○株式会社殿

○○部○○課

○○○○印

自動車・バイク通勤手当申請書

住所	
運転免許の種類	
運転免許の有効期間	
車種	□自動車　□バイク
登録No.	
通勤経路	
片道距離数	
備考	

(注) 通勤経路は、最短経路を通過するものとする。有料道路および高速道路は、利用しないものとする。

以上

(様式2)　住所変更による自動車・バイク通勤手当変更申請書

〇〇年〇〇月〇〇日

〇〇株式会社殿

〇〇部〇〇課

〇〇〇〇印

住所変更よる自動車・バイク通勤手当変更申請書

新住所	
住所変更日	
運転免許の種類	
運転免許の有効期間	
車種	□自動車　□バイク
登録No.	
通勤経路	
片道距離数	
備考	

（注）　通勤経路は、最短経路を通過するものとする。有料道路および高速道路は、利用しないものとする。

以上

(参考) 自動車・バイク通勤規程

自動車・バイク通勤規程

(総則)
第1条　この規程は、自動車通勤およびバイク通勤について定める。
(許可の申請)
第2条　自動車またはバイクによる通勤を希望する者は、あらかじめ会社に申請して許可を受けなければならない。
(許可の基準)
第3条　会社による許可の基準は、次のとおりとする。
　(1)　運転免許を保有していること
　(2)　過去3年間において重大な交通事故を起こしていないこと
　(3)　通勤のための公共交通機関がないこと、あるいはきわめて不便であること
　(4)　次に掲げる自動車保険に加入していること
　　　　対人賠償保険―――無制限
　　　　対物賠償保険―――無制限
2　前項の規定を満たしていても、会社として駐車スペースを用意できないときは、許可を保留することがある。
(無許可通勤の禁止)
第4条　社員は、会社の許可を得ることなく自動車またはバイクで通勤し、社外の路上に駐車させてはならない。
(会社の免責事項)
第5条　会社は、次に掲げる事項についてはいっさい責任を負わない。
　(1)　自動車・バイク通勤者が通勤中に起こした事故
　(2)　駐車中に生じた自動車・バイクの盗難、損傷等
(運転上の遵守事項)

第6条　自動車・バイク通勤者は、運転について次に掲げる事項を誠実に遵守しなければならない。
　（1）　道路交通法を遵守し、安全運転を行うこと
　（2）　飲酒運転、暴走運転をしないこと
　（3）　心身が疲労しているときは運転をしないこと
（通勤経路）
第7条　自動車・バイク通勤者は、最も合理的・経済的な道路を経由して通勤しなければならない。
（駐車場利用の遵守事項）
第8条　自動車・バイク通勤者は、駐車場の利用について次に掲げる事項を誠実に遵守しなければならない。
　（1）　会社から指定された場所に駐車すること
　（2）　駐車場を清潔に保つこと
　（3）　駐車場への出入りに当たっては、他の車両および歩行者に十分注意すること
　（4）　駐車場において不審者を見つけたときは、退去を求めるか、または会社に通報すること
（自動車事故を起こしたとき）
第9条　自動車・バイク通勤者は、交通事故を起こしたときは、負傷者の救護その他、道路交通法に定められた措置を講じなければならない。
2　道路交通法に定める措置を講じ終えたときは、直ちに会社に事故の内容を通報しなければならない。
3　第三者に損害を与えたときは、その損害を責任をもって賠償しなければならない。
4　道路交通法違反で、罰金、科料または反則金を科せられたときは、それらを負担しなければならない。
5　道路交通法違反で、免許の停止その他の行政処分を受けたとき

は、その内容を会社に報告しなければならない。

（車両変更等の申出）

第10条　自動車・バイク通勤者は、車両を変更するとき、または自動車・バイク通勤を中止するときは、あらかじめ会社に申し出なければならない。

（許可の取消し）

第11条　会社は、自動車・バイク通勤者が次に掲げることをしたときは、自動車・バイク通勤の許可を取り消すことがある。

（1）　この規程に違反したとき

（2）　重大な交通事故を起こしたとき

（3）　その他自動車・バイク通勤者として適格でないと認められるとき

（ガソリン代の支給）

第12条　会社は、自動車・バイク通勤者に対してガソリン代の実費を支給する。

（付則）

この規程は、　　年　月　日から施行する。

(様式3)　自動車・バイク通勤許可願

○○年○○月○○日

○○株式会社殿

○○部○○課

○○○○印

自動車・バイク通勤許可願

□自動車通勤　　□バイク通勤

1　自動車・バイク通勤を希望する理由

2　車輌・車体関係

（1）自動車

車名		車種	
車体カラー		登録番号	

（2）バイク

バイクの種類		メーカー	
排気量		登録番号	

3　免許関係

種類		有効期間	

4　保険関係

保険会社名	
対人賠償保険金	
対物賠償保険金	
保険加入期間	年　月　日～　年　月　日

誓約書

　自動車・バイク通勤を許可されたときは、道路交通法その他の関連法規および運転マナーを遵守して安全運転に努めます。万一事故を発生させたときは、私の責任でいっさいを処理し、会社に迷惑を掛けないことを誓約いたします。

以上

第4節　自転車通勤手当

1　自転車通勤手当支給の目的

　2011年3月11日に発生した東日本大震災は、関東地方を中心にして多くの「帰宅難民」を発生させた。公共交通機関が運転を停止したため、多くの人々が帰宅できず、地下街や、自治体が開放した施設などで苦しい夜を過ごした。その光景がテレビで繰り返し放送され、社会に大きな不安と衝撃を与えた。

　この大震災以降、働く者の間において、従来からの健康志向と相まって、自転車通勤への関心が高まっている。

　これを受けて、これまで自転車通勤を認めてこなかった会社が容認に転じたり、あるいは駐輪場を整備したりする会社が相次いでいる。

　自転車通勤を認めるときは、一定の手当を支給し、電車・バスの通勤手当や、自動車通勤の手当とのバランスを取ることが望ましい。

2　自転車通勤手当の決め方・運用の仕方
(1)　自転車通勤手当の支給対象者

　自転車通勤については、自動車・バイク通勤と同じように、
- ・社員の自由に委ねる
- ・会社への届出制とする
- ・会社による許可制とする

などの取扱いがある。

　自転車通勤は、「災害時に便利である」「健康に良い」「環境にやさしい」「自動車ほど、スペースを取らない」などのメリットがある。

しかし、その半面、交通事故の危険性がある。事故を起こして第三者を死亡させたり、重大なけがを与えたりすると、当然のことながら本人の責任が問われるのみならず、会社の姿勢も厳しく問われる。また、会社の管理責任が問われる可能性もある。

このため、会社による許可制とし、
・使用する自転車にブレーキと灯火装置がついているか
・自転車保険、損害賠償保険に加入しているか
・過去に重大な事故を起こしていないか
などをチェックしたうえで、許可を与えることにするのがよい。

そして、会社が許可した者に限って自転車通勤手当を支給する。

(2) 自転車通勤手当の対象距離

自転車通勤手当を支給する対象距離を定める。

対象距離は、公共交通機関利用の場合や自動車利用の場合の距離に合わせるのが合理的・現実的である。

例えば、電車・バスを利用して通勤する場合の手当の支給条件を「会社から2km以遠から通勤する者」としているときは、自転車通勤についても、2km以遠とする。

(3) 自転車通勤手当の決め方

自転車通勤手当の決め方には、主として、

① 公共交通機関を利用した場合の通勤定期券代相当額とする
② 距離に係らず、定額を支給する
③ 片道通勤距離に応じた定額を設定する
④ 1km定額×距離とする
⑤ 同距離の自動車通勤手当を基準とする

などがある。

表　自転車通勤手当の決め方（月額）

公共交通機関を利用した場合の通勤定期券代相当額	電車またはバスの1ヶ月通勤定期代に相当する額。
一律定額方式	（例1） 一律1,000円（2km以上）
	（例2） 一律800円（1km以上）
片道通勤距離に応じた定額方式	片道通勤距離に応じて、次の金額。 2～5km未満　　1,000円 5～10km未満　 1,500円 10～15km未満　2,000円 15km以上　　　2,500円
1km定額×距離方式×1ヶ月勤務日数	10円×往復距離×22日（2km以上）
同距離の自動車通勤手当を基準とする	（例1） 同距離の自動車通勤手当と同額。
	（例2） 同距離の自動車通勤手当×0.7

3　モデル支給基準

自転車通勤手当支給基準

1　自転車通勤手当の支給

　会社の許可を得て、2km以遠から自転車で通勤する者に対して、自転車通勤手当を支給する。

2　支給額（月額）

　片道通勤距離に応じて、次の金額。

　　　2～5km未満　　1,000円

　　　5～10km未満　 1,500円

　　　10～15km未満　2,000円

　　　15km以上　　　2,500円

3　支給日

　給与支給日に支給する。

4　支給の開始・停止

　自転車による通勤を開始した月から支給を開始し、自転車による通勤を停止した翌月から支給を停止する。

5　罰則

　次の場合には、支給を停止することがある。

　① 　重大な交通事故を起こしたとき
　② 　交通法規に違反し、関係機関から処分を受けたとき
　③ 　自転車通勤に関する社内規則に違反したとき
　④ 　自転車通勤に関して、会社の指示に従わないとき
　⑤ 　その他自転車通勤者として不適格な行為のあったとき

以上

(様式1)　自転車通勤手当申請書

```
                                            ○○年○○月○○日
○○株式会社殿
                                                ○○部○○課
                                                  ○○○○印

              自転車通勤手当申請書
```

住所	
通勤経路	
片道距離	
備考	

以上

(参考) 自転車通勤規程

自転車通勤規程

(総則)

第1条　この規程は、自転車通勤について定める。

(許可の申請)

第2条　自転車通勤を希望する者は、会社に申請して許可を受けなければならない。

(許可の基準)

第3条　会社による許可の基準は、次のとおりとする。
  (1)　損害賠償保険に加入していること
  (2)　使用する自転車にブレーキと灯火装置があること
  (3)　駐輪スペースがあること

(会社の免責事項)

第4条　会社は、次に掲げる事項についてはいっさい責任を負わない。
  (1)　自転車通勤者が通勤中に起こした事故
  (2)　駐輪中に生じた自転車の盗難、損傷等

(運転上の遵守事項)

第5条　自転車通勤者は、次に掲げる事項を誠実に遵守しなければならない。
  (1)　交通法規および運転マナーをよく守って安全運転を行うこと
  (2)　運転中はヘルメットを着用すること
  (3)　飲酒運転をしないこと
  (4)　携帯電話をかけながら運転をしないこと
  (5)　傘を差して運転をしないこと

（6）　通勤や帰宅を急ぐあまりに自動車の間を縫って走行しないこと
　（7）　他の自転車と並走しないこと
（駐輪）
第6条　自転車通勤者は、会社が指定した場所に自転車を駐輪させなければならない。
（事故を起こしたとき）
第7条　自転車通勤者は、交通事故を起こしたときは、道路交通法に定める措置を講じた後、直ちに会社に報告しなければならない。
（許可の取消し）
第8条　会社は、自転車通勤者が次に掲げることをしたときは、自転車通勤の許可を取り消すことがある。
　（1）　この規程に違反したとき
　（2）　重大な交通事故を起こしたとき
　（3）　その他自転車通勤者として適格でないと認められるとき
（自転車通勤手当の支給）
第9条　会社は、自転車通勤者に対して自転車通勤手当を支給する。
（中止の申出）
第10条　自転車通勤者は、自転車通勤を中止するときは、あらかじめ会社に申し出なければならない。
（付則）
この規程は、　　年　月　日から施行する。

(様式2)　自転車通勤許可願

○○年○○月○○日

○○株式会社殿

○○部○○課

○○○○印

自転車通勤許可願

1　自転車の装置

　□ブレーキあり

　□灯火装置あり

2　保険関係

保険会社名	
対人賠償保険金	
対物賠償保険金	
保険加入期間	年　月　日～　年　月　日

誓約書

　自転車通勤を許可されたときは、道路交通法その他の関連法規および運転マナーを遵守して安全運転に努めます。万一事故を発生させたときは、私の責任でいっさいを処理し、会社に迷惑を掛けないことを誓約いたします。

以上

第3章

職務関連手当（1）

第1節　営業手当（外勤手当）
第2節　窓口手当（接客手当）
第3節　裁量労働手当（専門業務型）
第4節　裁量労働手当（企画業務型）
第5節　商品開発手当
第6節　資格手当
第7節　特殊作業手当
第8節　屋外作業手当
第9節　自動車運転手当
第10節　役付手当
第11節　資格等級手当
第12節　駐在員手当

第1節　営業手当（外勤手当）

1　営業手当支給の目的

　営業社員の業務は、取引先や消費者に対して会社の商品を販売し、その代金を回収することである。

　取引先・消費者に対して自社の商品の有用性をPRし、その購入を推奨したときに、相手が二つ返事で購入の意思を示してくれれば、きわめて簡単である。しかし、現実は甘くはない。販売契約の締結に至るまでには、それこそ何回も何回も通い、粘り強く説得しなければならない。このため、身体的にも精神的にも疲れる。

　営業手当（外勤手当）の支給目的は、営業活動に伴う身体的・精神的な疲労を補償することである。

　また、社外に出かけるわけであるから、被服や靴等の損耗の度合いも大きい。汚れた服を着ていったのでは、相手の心証を害する。

　さらに、外出に伴って、さまざまな出費を強いられる。このような出費をカバーすることも、営業手当（外勤手当）の支給目的である。

2　営業手当の決め方・運用の仕方

(1)　営業手当の決め方

　営業手当の決め方には、

・月当たり定額で定める（職位別、資格等級別、一律等）

・月当たり定率で定める

・月当たり定額＋定率で定める

・一定の時間外手当に相当する金額とする

・日額で定める

などがある。

これらのうち、月当たり定額方式（職位別、資格等級別、一律等）が広く採用されている。これは、

- 取り扱いが簡単である
- 外勤の日数や時間数が季節や月によってそれほど大きく変動しない
- 社員にとって分かりやすい

などの理由によるものであろう。

表1　営業手当の決め方

月当たり定額方式（職位別）	係長　40,000円 主任　30,000円 一般　20,000円
月当たり定額方式（資格等級別）	社員5、6級　50,000円 社員3、4級　35,000円 社員1、2級　20,000円 （注）　社員7級以上は、管理職。このため営業手当は支給せず、役付手当を支給する。
月当たり定額方式（全員一律）	30,000円
月当たり定率方式	基本給×15%
月当たり定率＋定額方式	基本給×10%に加え、次の金額。 総合職3、4級　20,000円 総合職1、2級　10,000円
時間外手当相当額方式	（例1） 時間外手当25時間分相当額 （例2） 時間外手当10時間分相当額＋20,000円
日額で定める	外勤が5時間以上に及んだとき、資格等級に応じて次の日当を支給。 総合職1級　2,000円 総合職2級　2,300円 総合職3級　2,700円 総合職4級　3,200円 総合職5級　3,800円

（2） 時間外手当との関係

　営業社員の勤務は、一般に時間外に及ぶことが多い。毎日定時に退社できるというケースは稀であろう。勤務が時間外に及んだときは、時間外手当（時間外割増賃金）の支払義務が生じるが、時間外手当の取り扱いには、実務的に、

① 営業手当のみで、時間外手当は支給しない
② 時間外勤務が一定時間を超えたときに、その超えた時間に対して時間外手当を支給する
③ 時間外勤務が一定時刻を超えたときに、その時刻以降の勤務に対して時間外手当を支給する
④ 営業手当は支給せず、時間外手当のみを支給する
⑤ みなし労働時間の対象となる営業業務以外の業務（内勤・会議・講習・研修その他）に従事する場合に、時間外手当を別途支給する

などが考えられる。

　これらのうちどの方式を採用するかは、もとより各社の自由であるが、営業社員が日常的・恒常的に時間外勤務を行っている会社が「営業手当のみを支給し、時間外手当はいっさい支給しない」という方式を採用する場合には、営業手当の金額に十分配慮すべきである。なぜならば、営業手当の金額が少ないと、「時間外勤務をさせながら、時間外手当を支給していない」という労働基準法違反が生じるからである。

　例えば、時間外勤務が明らかに1ヶ月25～30時間程度行われている会社の場合、営業手当の金額を時間外手当10時間分程度に設定したとする。この場合は、15～20時間に相当する時間外手当が支給されていないことになり、労働基準監督署から「15～20時間程度に相当する時間外手当が支払われていないので、支払うように」という指導を受ける。

表2　営業社員の時間外手当の取り扱い

	例
① 営業手当のみで、時間外手当は支給しない。	資格等級に応じて月額20,000～40,000円の営業手当を支給し、時間外手当は支給しない。
② 時間外勤務が一定時間を超えたときに、その超えた時間に対して時間外手当を支給する。	時間外勤務が月25時間を超えた場合に、その超えた時間に対して時間外手当を支給する。
③ 時間外勤務が一定時刻を超えたときに、その時刻以降の勤務に対して時間外手当を支給する。	時間外勤務が午後7時以降に及んだ場合に、午後7時以降の勤務に対して時間外手当を支給する。
④ 営業手当は支給せず、時間外手当のみを支給する。	
⑤ みなし労働時間の対象となる営業業務以外の業務に従事し、かつ、その業務が時間外に及ぶ場合に、時間外手当を別途支給する。	みなし労働時間の対象となる営業業務以外の業務（内勤・会議・講習・研修その他）に従事し、かつ、その業務が時間外に及ぶ場合に、時間外手当を別途支給する。

(3) 管理職の取り扱い

営業手当を支給する場合には、管理職に対して支給するかしないかを明確にすることが必要である。

一般的には、
・営業課長、営業部長、支店長などの上位の管理職に対しては、役付手当を支給し、営業手当は支給しない
・主任、係長などの低位の役職者に対しては、役付手当と営業手当の双方を支給する

という取り扱いをするのが妥当であろう。

なお、ある調査によると、管理職の取り扱いは、
・営業手当を支給している　37％
・営業手当は支給していない　63％

となっている。

（4） 交通費・接待費等の取り扱い

　営業手当には、「営業に伴う身体的・精神的な疲労の補償」という目的のほかに、「諸雑費の補てん」という目的もある。

　この場合、諸雑費の範囲をあまり拡大すると、営業社員に負担を掛けることとなり、不満を生じさせる。一般的には、

・交通費

・図書購入費

・取引先との食事代、接待費

は、本人の申告または領収書の提出に基づいて、その実費を支給するのがよい。

（5） 営業成績不振者の手当の減額・不支給

　経営者の立場からすると、営業社員の全員が営業業務に精励し、売上、受注、契約締結の面で優れた成績を上げてくれるのが望ましい。

　しかし、実際には、そうはいかない。営業成績が良い者もいれば、残念ながら成績が振るわない者も出る。

　経営者の中には、「営業成績の良くない営業社員の営業手当を減額したり、不支給にしたりしたいが、法律上問題があるだろうか」と考えている者がいる。

　しかし、そのような対応は問題である。

　会社は、就業規則（賃金規程）において、「営業社員に対して営業手当を支払う。営業手当は、月額〇万円とする」と定めている以上、その金額を支給しなければならない。

　例えば、就業規則で「営業手当は、月額4万円とする」と定めているときは、売上や受注額が少ない営業社員に対しても、月額4万円の手当を支払わなければならない。

　営業手当の一部あるいは全額を支払わないと、「賃金は、その全額を支払わなければならない」と定めた労働基準法第24条第1項に違反することになる。

（6） 罰則としての手当の減額・不支給

　営業活動は、会社が定めたルールや規律を遵守して適切に行われなければならない。「販売成績のためには、どのようなことも許される」というわけではない。このため、「営業についての会社の規則を守らなかったとき」「遅刻、早退、欠勤を繰り返したとき」などの場合には、営業手当を減額したり、不支給としたりするのがよい。

表3　営業手当の減額・不支給の事由

・営業についての会社の規則を守らなかったとき
・特別の理由がないのに、遅刻、早退、または欠勤を繰り返したとき
・営業についての上司の指示に従わなかったとき
・営業日報の提出時期、記載内容に問題のあったとき
・職務上の権限を超えて独断専行したとき
・業務の遂行状況を上司に適切に報告しなかったとき
・取引先からのクレームに誠実に対応しなかったとき
・営業車その他会社の機材を私的に使用したとき

3　モデル支給基準

営業手当支給基準

1　営業手当の支給

　営業社員に対して、営業手当を支給する。ただし、課長以上に対しては、支給しない。

2　支給額（月額）

　（1）　係長　30,000円

　（2）　主任　25,000円

　（3）　社員　20,000円

3　支給の開始・変更・停止

　営業手当は、営業業務に従事するようになった月から支給を開始する。

職位が変更になったときは、変更になった月から変更後の職位に対応する営業手当を支給する。

営業業務から他の業務に異動したときは、異動した翌月から支給を停止する。

4　時間外手当の取り扱い

営業社員については、労働基準法の「労働者が事業場外において業務に従事した場合において、労働時間を算定し難いときは、所定労働時間労働したものとみなす」（第38条の2第1項）の規定を適用し、時間外手当は支給しない。

ただし、午後7時以降において、内勤業務、社内会議、研修その他、事業場外みなし労働時間の対象とならない業務に従事するときは、時間外手当を支給する。

5　実費支給

次のものについては、営業社員の申出により、営業手当とは別にその実費を支給する。

（1）　交通費

（2）　図書費

（3）　資料購入費

（4）　その他会社が認めたもの

6　営業手当の減額・不支給

営業社員に次の行為があったときは、懲戒処分として営業手当を減額し、または不支給とする。

（1）　営業についての会社の規則を守らなかったとき

（2）　特別の理由がないのに、遅刻、早退、または欠勤を繰り返したとき

（3）　営業についての上司の指示に従わなかったとき

（4）　営業日報の提出時期、記載内容に問題のあったとき

（5）　職務上の権限を超えて独断専行したとき

（6） 業務の遂行状況を上司に適切に報告しなかったとき
（7） 取引先からのクレームに誠実に対応しなかったとき
（8） 営業車その他会社の機材を私的に使用したとき
（9） その他営業社員として不適切な行為のあったとき

以上

第2節　窓口手当（接客手当）

1　窓口手当支給の目的

　会社の中には、店内にカウンター（窓口）を設け、来店する客に対して、商品内容の説明、商品購入・使用のアドバイス、商品の販売、販売代金の受取り、苦情の受付けなどを行っているところがある。
　例えば、旅行会社では窓口で、来店する客に対して、旅行についての客の希望（行き先、日数、時期、人数、予算その他）を聞きながら旅行プランを作成する。そのうえで、旅行商品を販売している。
　自動車販売会社（ディーラー）でも、店内の窓口で、客の希望を聞きながら自動車を販売している。
　客の性格（年齢、職業、性、経済力、好み、その他）は、人によって異なる。また、客が窓口を訪れる目的は、多種多様である。
　窓口担当者は、客の要望・希望に静かに耳を傾け、真摯に、かつ、的確な対応をしなければならない。口のきき方や態度において、客に不愉快な印象を与えるようなことがあってはならない。また、客と直接に向かい合うわけであるから、服装や化粧にも気を配らなければならない。
　窓口業務を的確に行うには、豊かな商品知識、対応の柔軟性、客への配慮等が必要である。そのような事情に配慮し、一定の手当を支給する。

2　窓口手当の決め方・運用の仕方
（1）　窓口手当の支給単位
　窓口手当の支給単位については、一般に、

・1ヶ月単位で決める

・1日単位で決める

の2つが考えられる。

　窓口業務を担当する者が特定されている場合や、全員が交替で、ほぼ毎日のように窓口に立つような場合は、1ヶ月単位で決めるのが合理的である。

　これに対し、全員が交替で窓口業務を行うにしても、その頻度が社員によって相当異なる場合は、1日単位で決めるのが妥当であろう。

（2）　窓口手当の決め方

　1ヶ月単位で手当を支給する場合、その決め方には、

・定額で決める

・定率で決める

・定率＋定額で決める

の3つがある。

　定額方式には、

・社員にとって分かりやすい

・定期昇給など、給与アップの影響を受けない

などのメリットがある。

　定額方式を採用する場合、その決め方には、

・全員同額とする

・資格等級別に決める

などがある。

表　窓口手当の決め方（月額）

定額方式	（例1）～一律方式～ 役職、資格等級、勤続年数等にかかわりなく、 月額5,000円
	（例2）～資格等級別方式～ 社員1級　3,000円 社員2級　4,000円 社員3級　5,000円 社員4級　6,000円 社員5級　7,000円
定率方式	基本給×0.5%
定率＋定額方式	基本給×0.3％＋2,000円

3　モデル支給基準

窓口手当支給基準

1　窓口手当の支給

　店頭において、来店するお客さまに対して商品の内容の説明、アドバイス、販売等の業務を行う者（窓口担当者）に対して、窓口手当を支給する。

2　支給額

　資格等級に応じて、次の金額（月額）。

　（1）　社員1級　3,000円

　（2）　社員2級　4,000円

　（3）　社員3級　5,000円

　（4）　社員4級　6,000円

　（5）　社員5級　7,000円

3　支給日

　給与支給日に支給する。

4　支給の開始・変更・停止

窓口手当は、窓口業務に従事するようになった月から支給を開始する。

　資格等級が変更になったときは、変更になった月から変更後の資格等級に対応する窓口手当を支給する。

　窓口業務から他の業務に異動したときは、その翌月から支給を停止する。

以上

第3節　裁量労働手当（専門業務型）

1　裁量労働手当（専門業務型）支給の目的

　経済構造の高度化・複雑化や職業の細分化・多種化などに伴って、研究、技術開発、情報処理システムの分析・設計、ファッション・工業製品のデザイン、金融商品の開発など、高度の専門知識を必要とする業務が増えている。

　専門知識を必要とする業務は、その性質上、「その業務をどのような方法で遂行すべきか」の決定を本人の裁量に委ねざるを得ない。会社のほうで、「このような手段で進めて欲しい」「このような作業手順で、このように遂行すべきだ」「時間配分は、このようにするように……」などと指示することはできない。

　労働基準法は、専門知識を必要とする業務については、「業務の性質上、その遂行の方法を大幅にその業務に従事する労働者の裁量にゆだねる必要があるため、その業務の遂行の手段および時間配分の決定等に関し、使用者が具体的な指示をすることが困難である」ため、みなし労働時間制を適用することを認めている。すなわち、専門業務に従事する者の労働時間を「1日8時間労働したものとみなす」「1日9時間勤務したものとみなす」などとして、一律に処理することを認めている。

　経済活動の高度化に伴って、専門業務が行われている会社が増えている。これらの会社では、専門業務に従事する者に対して、みなし労働時間制を適用すると同時に、業務遂行の困難さ、業務遂行に伴う精神的疲労などに配慮して裁量労働手当を支給するのがよい。

　なお、この手当を「研究手当」「研究職手当」「システム開発手当」

「デザイン職手当」などという名目で支給している会社もある。

表1　専門業務型裁量労働制の対象業務

・新商品、新技術の研究開発
・情報処理システムの分析・設計
・新聞・出版の記事の取材・編集
・ラジオ、テレビ番組の制作のための取材・編集
・衣服、室内装飾、工業製品等のデザインの考案
・放送番組等のプロデューサー、ディレクターの業務
・広告コピーの考案
・情報システムの活用に関するコンサルティング
・有価証券の投資に関するコンサルティング
・その他専門知識を必要とする業務

2　裁量労働手当（専門業務型）の決め方・運用の仕方

（1）　裁量労働手当の支給対象者

はじめに、裁量労働手当を支給する者の範囲を決める。当然のことではあるが、労働基準法で定められた「専門業務」に従事する者でなければならない。専門業務の範囲を労働基準法の規定を超えて広く解釈することは許されない。

（2）　裁量労働手当の決め方

裁量労働手当の決め方には、実務的に、

・全員同額とする

・資格等級別に決める

・基本給または基準内給与の一定割合とする（定率方式）

などがある。

表2　裁量労働手当の決め方（月額）

全員同額方式	全員　30,000円
資格等級別定額方式	（例1） 専門職1、2級　25,000円 専門職3、4級　30,000円 専門職5、6級　35,000円 専門職7級以上　40,000円 ―――――――――――――――― （例2） 研究職1級　　30,000円 研究職2級　　34,000円 研究職3級　　39,000円 研究職4級　　45,000円 研究職5級　　52,000円 研究職6級　　60,000円
基本給定率方式	基本給×10％
基準内給与定率方式	基準内給与×8％

（3）　時間外手当との関係

専門知識を必要とする業務は、

・遂行の方法の決定が本人に委ねられてる

・業務遂行のマニュアルが存在しない

・試行錯誤が多い

・少しでも早く成果を出すことが求められている

などの理由から、一般に時間外に及ぶことが多い。

勤務が時間外に及んだときは、時間外手当の支払義務が生じるが、時間外手当の取り扱いには、実務的に、

・一定の時間外手当を含めて、裁量労働手当の金額を決める

・裁量労働手当とは別に、時間外手当を支払う

の2つがある。

いずれの方法を採用するかは、もとより各社の自由であるが、裁量労働手当を支給する以上は、「一定の時間外手当を含めて、裁量労働手当の金額を決める」という方法を採用するのが便利である。

例えば、1ヶ月25時間の時間外勤務が行われるものとして、それに相当する時間外手当を含めて裁量労働手当の金額を決める。

(4) 管理職の取り扱い

管理職の取り扱いを定める。

一般的には、研究部門、専門業務部門の上位の管理職（課長、部長）は、自ら研究業務・専門業務を遂行する時間は少ないであろう。それよりは、担当部門の予算の作成、経費の支出のチェック、部門の業務計画の進行度の管理、部下の人事管理、他部門との連絡・調整など、いわゆる管理業務に従事する時間のほうがはるかに長いであろう。

このため、課長・部長に対しては、役付手当のみを支給し、裁量労働手当は支給しないこととするのが妥当であろう。

3　モデル支給基準

裁量労働手当支給基準

1　裁量労働手当の支給

次の業務に従事する者に対して、裁量労働手当を支給する。

（1）　研究業務
（2）　情報処理システムの分析または設計の業務

2　支給額（月額）

支給額は、次のとおりとする。この金額には、15時間分の時間外手当を含むものとする。

（1）　研究職およびシステム設計職1級　　25,000円
（2）　研究職およびシステム設計職2級　　30,000円
（3）　研究職およびシステム設計職3級　　35,000円
（4）　研究職およびシステム設計職4級　　40,000円
（5）　研究職およびシステム設計職5級　　45,000円

（6） 研究職およびシステム設計職6級以上　50,000円
3　支給開始・変更・停止

手当は、研究職またはシステム設計職に任用された月から支給を開始する。

資格等級が変更になったときは、変更になった月から変更後の資格等級に対応する手当を支給する。

人事異動により研究職またはシステム設計職以外の職種に異動したときは、その翌月から支給を停止する。

4　管理職の取り扱い

次の者に対しては、役付手当を支給し、裁量労働手当は支給しない。

（1）　研究所長、研究所次長
（2）　システム設計部長、システム設計部次長、システム設計課長

以上

(様式) 専門業務社員の裁量労働手当支給一覧

裁量労働手当支給一覧（〇〇年度）

人事部

氏名	所属部門	資格等級	支給額	備考
1				
2				
3				
4				
5				
6				
7				
8				
9				
10				

以上

第4節　裁量労働手当（企画業務型）

1　裁量労働手当（企画業務型）支給の目的

　経営を効率的に行うためには、あらかじめ経済・社会環境の変化を展望したうえで、自社の業種、規模および実力（販売力・資金力・技術力・開発力その他）にふさわしい合理的な経営計画を策定し、それに沿って業務を遂行していくことが必要である。

　場当たり的な経営では、現在のように変化の激しい時代、競争の厳しい時代を乗り越えることは難しい。

　このため、経営企画部門を設け、そこに経済や技術等について専門的な知識を持つ社員を配置して、会社全体の経営計画の企画・立案に当たらせている会社が多い。

　また、人事・労務部門、財務・経理部門、広報部門、営業部門、生産部門などの個別の部門にも、それぞれの業務についての調査・分析や計画の策定を行う社員を配置している会社も多い。

　経営計画の企画・立案という業務は、その性質上、その業務をどのような方法で遂行すべきかを本人の裁量に委ねざるを得ない。会社のほうで、「このような手段で進めて欲しい」「このような作業手順で、このように遂行すべきだ」「時間配分は、このようにするように……」などと指示することはできない。

　労働基準法は、経営計画の企画・立案・調査および分析の業務については、「業務の性質上、その遂行の方法を大幅にその業務に従事する労働者の裁量にゆだねる必要があるため、その業務の遂行の手段および時間配分の決定等に関し、使用者が具体的な指示をすることが困難である」ため、みなし労働時間制を適用することを認め

ている。

　すなわち、経営計画の企画・立案・調査および分析に携わる者については、「1日8時間30分労働したものとみなす」「1日9時間勤務したものとみなす」などとして、一律に処理することを認めている。

　経済活動の高度化に伴って、事業の運営に関する事項の企画・立案・調査および分析の業務を担当する部門を充実させる会社が増えている。そのような会社では、それらの業務に従事する者に対して、みなし労働時間制を適用すると同時に、業務遂行の困難さと業務遂行に伴う精神的疲労に配慮して裁量労働手当を支給するのがよい。

表1　企画業務型裁量労働制の対象業務

- 経営企画部門において、経営計画を策定する業務
- 経営企画部門において、新しい社内組織を編成する業務
- 人事・労務部門において、新しい人事制度を策定する業務
- 人事・労務部門において、社員の研修計画を策定する業務
- 財務・経理部門において、財務計画を策定する業務
- 広報部門において、広報を企画・立案する業務
- 営業企画部門において、営業計画を策定する業務
- 生産企画部門において、生産計画を策定する業務
- その他事業の運営に関する事項の企画・立案・調査・分析の業務

（注）厚生労働省の指針による。

2　裁量労働手当（企画業務型）の決め方・運用の仕方

(1)　裁量労働手当の支給対象者

　はじめに、裁量労働手当を支給する者の範囲を決める。当然のことではあるが、労働基準法で定められた「事業の運営に関する事項の企画・立案・調査および分析の業務」に従事する者でなければならない。企画業務の範囲を労働基準法の規定を超えて広く解釈することは許されない。

（2） 裁量労働手当の決め方

　裁量労働手当の決め方には、実務的に、
　・全員同額とする
　・資格等級別に決める
　・基本給または基準内給与の一定割合とする（定率方式）
などがある。

表2　裁量労働手当の決め方（月額）

全員同額方式	全員　　30,000 円
資格等級別定額方式	総合職1級　　　25,000 円 総合職2級　　　27,000 円 総合職3級　　　30,000 円 総合職4級　　　33,000 円 総合職5級　　　36,000 円 総合職6級以上　40,000 円
基本給定率方式	基本給×10%
基準内給与定率方式	基準内給与×8%

（3） 時間外手当との関係

　経営計画の策定業務は、
　・遂行の方法の決定が本人に委ねられている
　・経営環境を十分に踏まえて策定することが求められている
　・関係部門との密接な調整や協議が必要である
などの理由から、一般に時間外に及ぶことが多い。
　勤務が時間外に及んだときは、時間外手当の支払義務が生じるが、時間外手当の取り扱いには、実務的に、
　・一定の時間外手当を含めて、裁量労働手当の金額を決める
　・裁量労働手当とは別に、時間外手当を支払う
の2つがある。
　裁量労働手当を支給する以上は、「一定の時間外手当を含めて、

裁量労働手当の金額を決める」という方法を採用するのが便利である。例えば、1ヶ月25時間の時間外勤務が行われるものとして、それに相当する時間外手当を含めて裁量労働手当の金額を決める。

(4) 管理職の取り扱い

管理職の取り扱いを定める。

一般的には、経営企画部門や個別業務部門の上位の管理職（課長、部長）が自ら企画業務を遂行する時間は少ないであろう。それよりは、いわゆる管理業務に従事する時間のほうが長いであろう。このため、課長・部長に対しては、役付手当のみを支給し、裁量労働手当は、支給しないこととするのが妥当であろう。

3　モデル支給基準

裁量労働手当支給基準

1　裁量労働手当の支給

次の業務に従事する者に対して、裁量労働手当を支給する。

　（1）　会社全体の経営計画の企画・立案・調査および分析
　（2）　人事・労務に関する新制度の企画・立案・調査および分析
　（3）　財務・経理に関する計画の企画・立案・調査および分析
　（4）　広報に関する企画・立案・調査および分析
　（5）　営業企画・営業計画の企画・立案・調査および分析
　（6）　生産計画の企画・立案・調査および分析
　（7）　その他経営に関する事項の企画・立案・調査および分析

2　支給額（月額）

支給額は、次のとおりとする。この金額には、15時間分の時間外手当を含むものとする。

　（1）　総合職1級　20,000円
　（2）　総合職2級　25,000円

（3）　総合職3級　30,000円

（4）　総合職4級　35,000円

（5）　総合職5級　40,000円

（6）　総合職6級以上　45,000円

3　支給日

給与支給日に支給する。

4　支給の開始・変更・停止

手当は、経営企画の企画・立案業務に従事する月から支給を開始する。

資格等級が変更になったときは、変更になった月から変更後の資格等級に対応する手当を支給する。

経営計画の企画・立案業務から外れたときは、その翌月から支給を停止する。

以上

(様式)　企画業務社員の裁量労働手当支給一覧

裁量労働手当支給一覧（○○年度）

人事部

氏名	所属部門	資格等級	支給額	備考
1				
2				
3				
4				
5				
6				
7				
8				
9				
10				

以上

第5節　商品開発手当

1　商品開発手当支給の目的

　会社が中長期的に成長発展するための条件は、消費者・取引先にとって魅力的な新商品を開発することである。現在の商品が良く売れているからといって、それに満足していると、やがて販売量が減少傾向に転じ、業績不振に陥る。

　消費者に役立つ新商品、取引先に喜ばれる新商品を開発し、それを提供することの重要性は、いくら強調しても強調しすぎることはない。

　メーカーの多くは新商品開発部門を設けて新商品の開発にしのぎを削っているが、開発は容易ではない。独創性に富んだアイディア、柔軟な発想力、失敗に懲りないチャレンジ精神、ストレスに耐える力、粘り強さ……、そういったものがなければ、新商品の開発は成功しない。

　新商品の企画・開発と市場化は、大変な苦労と身体的・精神的な負荷を必要とする業務である。

　商品開発を担当する社員に一定の手当を支給し、その苦労に報いる。

2　商品開発手当の決め方・運用の仕方

（1）　商品開発手当の決め方

　商品開発手当の決め方には、実務的に、1ヶ月を単位として、
　・定額で決める
　・定率で決める（基本給または基準内給与の一定割合とする）

・定額＋定率で決める

の3つがある。

　昇給の影響を排除するという観点からすると、定額制を採用するのがよい。

　定額制の場合、その決め方には、

　　・全員同額とする

　　・資格等級別に決める

などがある。

表　商品開発手当の決め方（月額）

全員同額方式	30,000 円
資格等級別定額方式	開発職1級　25,000 円 開発職2級　30,000 円 開発職3級　35,000 円 開発職4級　40,000 円 開発職5級　45,000 円
基本給定率方式	基本給×10％
基準内給与定率方式	基準内給与×8％

（2）　時間外手当との関係

　商品開発の業務は、

　　・遂行の方法の決定が本人に委ねられてる

　　・少しでも早く成果を出すことが求められている

　　・試行錯誤を繰り返すことが多い

　　・営業部門、生産部門などとの協議が必要となる

などの理由から、一般に時間外に及ぶことが多い。

　勤務が時間外に及んだときは、時間外手当の支払義務が生じるが、時間外手当の取り扱いには、実務的に、

　　・一定の時間外手当を含めて、商品開発手当の金額を決める

・商品開発手当とは別に、時間外手当を支払う

の2つがある。

　商品開発手当を支給する以上は、一定の時間外手当を含めて、商品開発手当の金額を決めるのが便利である。

　例えば、1ヶ月25時間の時間外勤務が行われるものとして、それに相当する時間外手当を含めて商品開発手当の金額を決める。

　この方式を採用する場合には、開発担当社員に対して、「商品開発手当の中には、○○時間分の時間外手当が含まれている」旨、周知しておく。

3　モデル支給基準

商品開発手当支給基準

1　商品開発手当の支給

　新商品の開発業務に従事する者に対して、商品開発手当を支給する。

2　支給額（月額）

　資格等級に応じて、次の金額。

　（1）　開発職1級　25,000円
　（2）　開発職2級　30,000円
　（3）　開発職3級　35,000円
　（4）　開発職4級　40,000円
　（5）　開発職5級　45,000円

3　支給の開始・変更・停止

　手当は、商品開発職に任用された月から支給を開始する。

　資格等級が変更になったときは、変更になった月から変更後の資格等級に対応する手当を支給する。

　人事異動により商品開発以外の部門に異動したときは、その翌月

から支給を停止する。

4　管理職の取り扱い

　商品開発部門の課長以上の役職者に対しては、役付手当を支給し、開発手当は支給しない。

以上

第6節　資格手当

1　資格手当支給の目的
　仕事については、さまざまな公的資格が設けられている。仕事の種類だけ、資格があるともいわれる。資格を持っていなければ、一定の業務に就業・従事できないという資格もある。
　資格は、「仕事に必要な知識または技術・技能を有していること」を公的に示すものである。社員が資格を取得することにより、会社の技術水準や品質への社会的な信頼が形成される。取引上も何かと有利になる。資格を取得している社員に一定額の手当を支給することは、人事管理上の1つの工夫である。

2　資格手当の決め方・運用の仕方
（1）　資格の範囲
　資格手当を支給するときは、はじめに、会社の業務内容を踏まえて、資格の範囲を定める。
　建設業であれば、建設関係の資格を対象とする。情報システム業の場合には、システム関係の資格を手当支給の対象とする。また、不動産関係の会社は、宅地建物取引主任者などの不動産関係の資格を対象とする。
（2）　資格手当の支給対象者
　資格手当の支給対象者については、
　・資格を取得していれば、業務に関係なく支給する
　・資格を有し、かつ、その資格を活用する業務に従事している者とする

の2つがある。

会社は、業績（利益）を達成するための組織であり、一般的な教育機関ではない。このため、資格手当の支給対象者は、「資格を有し、かつ、その資格を活用する業務に従事している者」とするのが現実的であろう。

（3） 資格手当の決め方

資格手当の決め方には、

・資格を有している者に同額を支給する

・年齢、勤続年数、資格等級などで差を設ける

の2つがある。

資格手当は、「資格を取得していること」に対して支給されるものである。このため、資格を有している者全員に同額を支給するのがよい。

例えば、「危険物取扱者」に資格手当を支給するときは、「危険物取扱者資格を有し、かつ、その資格を活用する業務に従事している者」全員に同額を支給する。

3　モデル支給基準

資格手当支給基準

1　資格手当の支給

会社が定める資格を有し、かつ、その資格を活用する業務に従事している者に対して、資格手当を支給する。

2　資格の範囲と支給額（月額）

（1）　危険物取扱者　3,000 円

（2）　衛生管理者　2,500 円

（3）　社会保険労務士　4,000 円

（4）　行政書士　4,000 円

(5) 中小企業診断士　4,000円

(6) 初級システムアドミニストレーター　2,000円

(7) ソフトウエア開発技術者　4,000円

(8) 基本情報技術者　3,000円

(9) 情報セキュリティアドミニストレーター　4,000円

3　支給の開始・停止

　資格手当は、資格を取得し、かつ、その資格を活用する業務に従事する月から支給を開始する。

　資格を活用しない業務に異動したときは、その翌月から支給を停止する。

4　支給日

　給与支給日に支給する。

以上

(様式)　資格手当申請書

○○年○○月○○日

○○株式会社殿

○○部○○課

○○○○印

資格手当申請書

1　取得した資格	
2　資格取得日	
備考	

以上

(注)　資格取得を証明する書類の写しを添付すること。

第7節　特殊作業手当

1　特殊作業手当支給の目的

　会社の作業の中には、高熱、高温・高湿、低温、騒音、汚染、臭気、粉塵などの下での作業がある。高所や水中での作業をしているところもある。さらには、高圧ガス、危険物、有毒物、放射線などを取り扱う作業もある。

　これらの作業は、一般の作業に比較して、身体的な疲労が大きい。また、神経を集中して行うため、精神的な疲労も大きい。

　特殊作業手当は、これらの特殊な作業に従事する者に対して、補償的に支給されるものである。

2　特殊作業手当の決め方・運用の仕方

(1)　特殊作業の特定

　特殊作業手当は、一般的な作業とは異なる特殊な作業に対して支給される手当であるが、具体的に「何が特殊な作業か」は、会社によって異なるであろう。

　また、すべての現場責任者や社員が「うちの職場で行われている業務のうち、○○の業務は、作業環境その他から見て特殊な業務であるので、特別の手当を支給してもらいたい」「自分の作業は、他の社員とは異なる特殊な作業であるから、それ相応の手当を支給して欲しい」と主張したら、収拾がつかなくなる。

　この手当を支給するときは、業務の実態に即して、作業の種類を特定することが必要である。手当を支給する作業を、

　　・高所作業

- 危険物取扱作業
- 放射線取扱作業
- 有機溶剤を取り扱う作業

という具合に、社員が分かりやすい形で特定する。

(2) 特殊作業手当の決め方

特殊作業手当の決め方には、

- 月当たり定額で決める
- 1日当たり定額で決める
- 1時間当たり定額で決める
- 作業1回当たり定額で決める

などがある。

特定の社員が日常的・恒常的に特殊作業を担当する場合には、月極めの定額制を採用するのが便利である。

これに対して、

- 1ヶ月のうち、特殊作業が行われる日が限られている場合
- 特殊作業が行われる時間数が比較的短い場合
- 社員が交替で特殊作業を行う場合

は、1日当たり、1時間当たり、または作業1回当たりの定額制を採用するのが合理的・現実的であろう。

表　特殊作業手当の決め方

月当たり定額方式	（例1） 高所作業手当　　20,000 円
	（例2） 放射線取扱手当　15,000 円
1日当たり定額方式	（例1） ボイラー等整備作業手当　1,000 円
	（例2） 成型・研摩作業手当　　800 円

1時間当たり定額方式	（例1） 冷蔵倉庫作業手当　　　70円
	（例2） タンク内洗浄作業手当　300円
作業1回当たり定額方式	（例1） 地下作業　　1,000円
	（例2） 高所塗装手当　900円

（3）　管理職の取り扱い

　特殊作業手当を支給する場合には、管理職の取り扱いを明確にしておくことが求められる。

　特殊作業手当を支給している会社について、管理職への支給の有無を見ると、「管理職へは支給しない」というところが過半数を占める。管理職に支給しないのは、

　・管理職に対しては、役付手当が支給されている

　・管理職が日常的に特殊作業を行うことは少ない

などの理由によるものであろう。

3　モデル支給基準（危険物取扱作業を「特殊作業」と認定している場合）

危険物取扱作業手当支給基準

1　危険物取扱作業手当の支給

　危険物を取り扱う作業に従事する者に対して、危険物取扱作業手当を支給する。

2　支給額

　1日当たり500円

3　支給の開始・停止

危険物を取り扱う職場に配属された月から支給を開始し、その職場を離脱した月の翌月から支給を停止する。

4　支給方法

危険物取扱業務に従事した日数に応じて、翌月の給与支給日に支給する。

従事した日数は、現場の課長の報告をもって確定する。

5　時間外手当との関係

時間外に危険物取扱業務に従事したときは、危険物取扱手当と時間外手当を併給する。

(様式)　危険物取扱日数報告

○○年○○月○○日

人事課長殿

○○課長

危険物取扱日数報告（○○年○月）

氏名	危険物取り扱い業務に従事した日	日数合計	備考
1			
2			
3			
4			
5			
6			
7			

以上

以上

第8節　屋外作業手当

1　屋外作業手当支給の目的

　業種によっては、屋外での作業が日常的に行われている。
　屋外作業は、一般に、
- 暑さ、寒さなどの気象条件の影響を受ける
- 屋内作業に比較して危険度が高く、緊張を強いられる
- 作業の開始・終了の時刻、休憩時間が不規則になりやすい
- 体力を要する作業が多く、疲労が大きい

などの特徴がある。
　このような事情に配慮して支給されるのが屋外作業手当である。

2　屋外作業手当の決め方・運用の仕方
(1)　屋外作業手当の決め方
　屋外作業手当の決め方には、
- 月当たり定額で決める
- 1日当たり定額で決める
- 1時間当たり定額で決める
- 作業1回当たり定額で決める

などがある。
　特定の社員が日常的・恒常的に屋外作業を担当する場合には、月極めの定額制を採用するのが便利である。
　これに対して、
- 1ヶ月のうち、屋外作業が行われる日が限られている場合
- 屋外作業が行われる時間数が比較的短い場合

・社員が交替で屋外作業を行う場合は、1日当たり、1時間当たり、または作業1回当たりの定額制を採用するのが合理的・現実的であろう。

表　屋外作業手当の決め方

月当たり定額方式	（例1） 屋外作業手当　20,000円
	（例2） ・資格等級に応じて、次の金額。 技能1級　15,000円 技能2級　20,000円 技能3級　25,000円 技能4級　30,000円
1日当たり定額方式	（例1） 屋外作業手当　　　1,000円
	（例2） ・資格等級に応じて、次の金額。 技能1級　　　　800円 技能2級　　　1,000円 技能3級　　　1,200円 技能4級　　　1,500円
	（例3） ・作業時間に応じて、次の金額。 2時間未満のとき　　800円 2時間〜4時間未満　1,000円 4時間〜6時間未満　1,500円 6時間以上　　　　2,000円
1時間当たり定額方式	（例1） 屋外作業手当　200円
	（例2） ・資格等級に応じて、次の金額。 技能1級　　　100円 技能2級　　　150円 技能3級　　　200円 技能4級　　　250円

作業1回当たり定額方式	（例1） 作業1回につき　600円
	（例2） 技能1級　　　　500円 技能2級　　　　600円 技能3級　　　　800円 技能4級　　　1,000円

（2）　時間外手当との関係

　屋外作業手当を「1ヶ月当たりいくら」という形で、月を単位として決める場合には、時間外手当の取り扱いを明確にしておくのがよい。屋外作業手当と時間外手当との関係には、実務的に、

　・時間外手当を含めた形で屋外作業手当の額を決める
　・時間外手当は含めずに屋外作業手当の額を決める（時間外勤務が行われたときは、時間外手当を支払う）

の2つの取り扱いがある。

　屋外作業が時間外に及ぶことが多い場合には、時間外手当を含めた形で屋外作業手当の額を決めるのが便利である。この場合には、社員に対して、「屋外作業手当には、○○時間分の時間外手当が含まれている」旨、周知しておく。

（3）　管理職の取り扱い

　屋外作業手当を支給する場合には、管理職の取り扱いを明確にしておくべきである。

　管理職に対して支給するかしないかは、もとより各社の自由であるが、役付手当を支給している場合には、屋外作業手当は支給する必要はないであろう。

3 モデル支給基準

屋外作業手当支給基準

1　屋外作業手当の支給

屋外作業に従事する者に対し、屋外作業手当を支給する。

2　支給額

1日当たり、次の金額。

(1)　技能1級　　800円
(2)　技能2級　　1,000円
(3)　技能3級　　1,200円
(4)　技能4級　　1,500円

3　支給の開始・停止

屋外作業を行う職場に配属された月から支給を開始する。

人事異動により屋外作業を行わない職場に異動したときは、その翌月から支給を停止する。

4　支給方法

屋外作業に従事した日数に応じて、翌月の給与支給日に支給する。

従事した日数は、現場の課長の報告をもって確定する。

5　時間外手当との関係

時間外に屋外作業に従事したときは、屋外作業手当と時間外手当を併給する。

以上

(様式) 屋外作業日数報告

〇〇年〇〇月〇〇日

人事課長殿

〇〇課長

屋外作業日数報告 (〇〇年〇月)

氏名	屋外作業をした日	業務内容	屋外作業日数	備考
1				
2				
3				
4				
5				
6				
7				

以上

第9節　自動車運転手当

1　自動車運転手当支給の目的

　社員の多くが運転免許を所有している。また、運輸会社以外の一般の会社でも、営業部門、配送部門、顧客サービス部門などを中心に、日常的に業務で自動車が使用されている。
　このような意味で、自動車の運転は、いわゆる「特殊作業」「特殊業務」ではない。しかし、
・運転免許がなければ、自動車を運転できない
・運転には相当の神経を使い、精神的な疲労を伴う
・気象条件の影響を受ける
・事故を起こしたり、あるいは事故や渋滞に遭遇したときは、自己の判断で的確に対応しなければならない
・自動車という高価な財産を取り扱う
などの点で、他の業務とは相当に異なる。
　また、運転中に事故を引き起こすと、業務に著しい支障が生じる。運転した社員が刑事罰・民事罰・行政罰を科せられるのみならず、使用者としての会社が管理責任を問われることもある。
　自動車運転手当は、このような事情に配慮し、運転に伴う身体的・精神的疲労の補償、安全運転への意識喚起などを目的として支給されるものである。

2　自動車運転手当の決め方・運用の仕方
(1)　自動車運転手当の支給対象者
　自動車運転手当を支給するときは、はじめに手当の支給対象者を

決める。運輸会社以外の一般の会社の場合は、
・自動車で営業活動を行う営業担当者
・自動車で取引先を回る各種サービス担当者
・商品の配送担当者
・原材料や部品の運送担当者
などとすることが考えられる。

（2）　自動車運転手当の支給決定単位

　自動車運転手当の支給決定単位としては、
・1ヶ月単位で決定する
・1日単位で決定する
・1回当たりで決定する
などが考えられる。

　一部の社員または全社員が毎日のように自動車を使用する会社の場合は、その一部の社員または全社員について、1ヶ月単位で決定するのが合理的である。

　これに対して、一人平均の自動車の運転頻度が週2日か3日程度の会社の場合は、1日単位で決定するのが適切であろう。

　1日単位で支給する場合には、運転時間または走行距離の面で一定の条件を設けるのが現実的である。例えば、「1日2時間以上運転したときに限る」「1日50km以上走行したときに限る」というように条件を付ける。

　また、使用頻度がそれほど高くはない会社の場合は、「1回当たりいくら」という形で決めるのがよい。

　この場合にも、「2時間以上運転したとき」「30km以上走行したとき」というように、時間または走行距離の面で条件を付ける。

（3）　金額の決め方

　自動車運転手当の金額を定額で決める場合、その決め方には、一般的には、

・一律に決める
・資格等級別に決める
・運転年数別に決める

などがある。

また、役職者も日常的に運転する会社では、役職別に決めることも考えられる。

表　自動車運転手当の決め方

1ヶ月単位の定額制	（例1）〜一律方式〜 1ヶ月　　　　　　　10,000円
	（例2）〜資格等級別方式〜 社員1級　　　　　　8,000円 社員2級　　　　　　10,000円 社員3級　　　　　　12,000円 社員4級　　　　　　15,000円 社員5級　　　　　　20,000円
	（例3）〜運転年数別方式〜 運転歴1年未満　　　 8,000円 運転歴1〜3年未満　10,000円 運転歴3〜5年未満　12,000円 運転歴5年以上　　　15,000円
1ヶ月単位の定率制	基本給×0.5%
1日単位の定額制（2時間以上または50km以上運転した日に限る）	（例1）〜一律方式〜 1日　　　　　　　　 500円
	（例2）〜資格等級別方式〜 社員1級　　　　　　 400円 社員2級　　　　　　 500円 社員3級　　　　　　 600円 社員4級　　　　　　 700円 社員5級　　　　　　 800円
	（例3）〜運転年数別方式〜 運転歴1年未満　　　 800円 運転歴1〜3年未満　1,000円 運転歴3〜5年未満　1,200円 運転歴5年以上　　　1,500円

1回単位の定額制（継続して2時間以上または50km以上運転したときに限る）	（例1）〜一律方式〜 1回につき　　　　　400円
	（例2）〜資格等級別方式〜 社員1級　　　　　300円 社員2級　　　　　350円 社員3級　　　　　400円 社員4級　　　　　450円 社員5級　　　　　500円
	（例3）〜運転年数別方式〜 運転歴1年未満　　　300円 運転歴1〜3年未満　400円 運転歴3〜5年未満　500円 運転歴5年以上　　　600円

（4）　自動車運転手当の減額・不支給

　自動車運転手当を支給する目的の1つは、「安全運転への意識を持たせること」「安全運転の責任を負わせること」である。このため、交通事故を起こしたり、あるいは交通法規に違反したりしたときは、その情状に応じて、手当を減額したり支給を停止したりする。

3　モデル支給基準

自動車運転手当支給基準

1　自動車運転手当の支給

　次の部門に所属し、業務において自動車を日常的に使用する者に対して自動車運転手当を支給する。

　（1）　営業部門
　（2）　配送部門
　（3）　総務部門

2　支給額（日額）

　支給額は、次のとおりとする。ただし、1日の運転時間が2時間

以上または走行距離が 50km 以上の日に限る。

 （1） 社員1級 400 円
 （2） 社員2級 500 円
 （3） 社員3級 600 円
 （4） 社員4級 700 円
 （5） 社員5級 800 円

3 支給日

給与支給日に支給する。

4 支給額の確定

本人が記載し、かつ、所属課長が承認した「自動車運転報告」によって支給額を確定する。

5 支給額の減額・不支給

次の場合には、支給額を減額し、または不支給とする。

 （1） 重大な交通事故を起こしたとき
 （2） 交通法規に違反し、関係機関から処分を受けたとき
 （3） 自動車使用に関する社内規則に違反したとき
 （4） 自動車使用に関して、会社の指示に従わないとき
 （5） その他自動車の使用について不適切な行為のあったとき

以上

(様式1)　自動車運転運転報告

〇〇年〇〇月〇〇日

人事課長殿

所属課長殿

〇〇部〇〇課

〇〇〇〇印

自動車運転報告（　年　月）

運転日	行先・目的	運転時間	運転時間数	走行距離	備考
／		～			
／		～			
／		～			
／		～			
／		～			
／		～			
／		～			

以上

(注)　1　正確に記載すること。

　　　2　翌月の5日までに所属課の課長に提出すること。

(参考）自動車運転規程

自動車運転規程
第1章　総則
（目的）
第1条　この規程は、自動車の運転について定める。
2　業務で自動車を使用する者は、この規程を遵守しなければならない。
（運転資格）
第2条　自動車を運転できるのは、業務遂行上自動車を必要とし、かつ、安全運転ができるとして、会社が許可した者とする。
第2章　運転者の心得
（運転上の心得）
第3条　社員は、自動車を運転するときは、次の事項に留意しなければならない。
　（1）　交通法規および運転マナーをよく守って安全運転をすること。特に、子どもと高齢者に注意を払うこと
　（2）　運転中はシートベルトを着用すること
　（3）　運転中は携帯電話を掛けないこと。やむを得ず掛けるときは、安全な場所に停車させてから掛けること
　（4）　酒を飲んだとき、または心身が著しく疲労しているときは、運転をしないこと
　（5）　天候が著しく悪いときは、運転を控えること
　（6）　個人的な目的で運転をしないこと
　（7）　社外の者に運転させないこと
　（8）　駐車が禁止されている場所に駐車させないこと
　（9）　自動車から離れるときは、必ずキーを持ち、ドアをロックすること

（給油）
第4条　ガソリンが少量になったときは、適宜給油しなければならない。
2　給油は、原則として会社指定の給油所で行うものとする。
（整備・点検）
第5条　社員は、自分が使用する自動車に関し、安全運転ができるよう、常に整備・点検を行わなければならない。
（修理）
第6条　社員は、修理を必要とする個所を発見したときは直ちに会社に通報し、その指示に従わなければならない。ただし、緊急を要するときは直ちに修理し、事後速やかに報告するものとする。
（運転日報）
第7条　社員は、自動車を運転したときは運転日報を作成し、会社に提出しなければならない。
（格納）
第8条　社員は、運転が終了したときは自動車を所定の場所に駐車させ、キーを持ち、ドアをロックしなければならない。
（洗車・清掃）
第9条　最終使用者は、自動車を洗車、清掃しなければならない。

第3章　自動車事故への対応

（自動車事故への対応）
第10条　社員は、自動車事故を起こしたときは、道路交通法の定めるところにより、速やかに次の措置を講じなければならない。
（1）　負傷者のあるときは、直ちに可能な負傷者救護処置を行う。
（2）　道路における危険防止のための措置を講じる。
（3）　最寄りの警察に、発生時刻、発生場所、事故の内容を通報する。
2　通報した警察から、警察官が現場に到着するまで現場を去らな

いように命令されたときは、警察官が到着するまで現場を去ってはならない。

（会社への緊急連絡）
第11条　社員は、前条に定める措置が完了したときは、速やかに会社に事故の内容を連絡しなければならない。
2　第三者によって自動車事故を起こされたときも、同様とする。

（自動車事故証明書）
第12条　社員は、速やかに警察に届け出て事故証明書の交付を受け、これを会社に提出しなければならない。

（自動車事故報告書の提出）
第13条　社員は、速やかに会社に自動車事故報告書を提出しなければならない。

（事故による損害賠償責任）
第14条　社員が業務遂行中に起こした自動車事故による損害賠償の責任は、会社が負う。ただし、社員が故意または重大な過失によって起こした自動車事故については、この限りではない。
2　損害賠償は、原則として示談によって行うものとする。
3　社員は、会社を通すことなく、個人で勝手に示談交渉をしてはならない。

（課金の負担）
第15条　社員は、故意または重大な過失によって道路交通法に違反し、罰金、科料または反則金を課せられたときは、それらを負担しなければならない。

（処分の報告）
第16条　社員は、自動車事故について警察から道路交通法違反により罰金、免許の停止その他の処分を受けたときは、その内容を会社に報告しなければならない。

（車両の損害賠償責任）

第17条　社員は、故意または重大な過失によって会社の車両に損害を与えたときは、その損害を賠償しなければならない。

（医師の診断）

第18条　社員は、自動車事故で傷害を負ったときは、たとえ軽度の傷害であっても、速やかに医師の診断を受け、その結果を会社に報告しなければならない。

2　会社は、必要と認めたときは、医師の診断書の提出を求めることがある。

（付則）

この規程は、　年　月　日から施行する。

(様式2) 運転日報

○○年○○月○○日

○○株式会社殿

○○部○○課

○○○○印

運転日報

1　車両

車名		車種		登録番号	

2　走行距離

始業時メーター指針	km	終業時メーター指針	km	本日走行距離数	km

3　行先・時刻等

出発時刻（時：分）	帰着時刻（時：分）	行先	目的
：	：		
：	：		
：	：		
：	：		

4　特記事項

以上

(様式3) 自動車事故報告書

○○年○○月○○日

○○株式会社殿

○○部○○課

○○○○印

自動車事故報告書

1　車両

車名		車種		登録番号	

2　発生日時・場所等

発生日時	
発生場所	
天候	□晴れ　□曇り　□雨　□雪　□霧
交通状況	□混雑していた　□普通　□閑散だった
届出警察署	

3　相手方

会社名	
氏名・年齢・性	
住所・電話番号	

4　事故の状況

5　事故状況図

以上

第10節　役付手当

1　役付手当支給の目的

(1)　役職者の職責と役付手当

　係長・課長・部長等の役職者は、自分が担当する部門の業務を、部下を指揮命令しながら責任をもって遂行する責任を負っている。

　例えば、営業課長は、部下を指揮命令し、会社から指定された商品を取引先に対して一定金額あるいは一定数量以上販売し、その代金を確実に回収するという業務を確実かつ効率的に遂行すべき責任を負っている。

　また、生産部門の課長は、部下を指揮命令し、会社から指定された商品を一定数量以上、安いコストで確実に生産すべき責任を負っている。

　役付手当は、本来的に、このような役職者の職務上の責任に配慮して、基本給とは別に支給されるものである。

　もしも、給与の中心を構成する基本給が、役職者の職務の内容（遂行の困難度、責任の大きさ、業務の重要性）に基づいて決定されるものであれば、役付手当を支給すべき理由は存在しない。しかし、現実には、必ずしもそのようにはなっていない。このため、多くの会社が基本給に加えて役付手当を支給している。

(2)　時間外手当と役付手当

　また、役付手当には、「時間外手当（時間外割増賃金）の不支給による収入減の補てん」という性格もある。

　すなわち、一般に課長以上の役職者は、労働基準法第41条に定める「監督若しくは管理の地位にある者」に該当し、労働基準法に

定める「1日8時間・1週40時間労働」という規定は適用されない。このため、課長以上の役職者に対しては、時間外手当を支給していない会社が多い。

　課長以上の役職者に対して時間外手当を支給しないと、課長以上に昇進することにより、収入が減少することになる。「昇進すると、責任が重くなるばかりで収入が減少する」というのでは、昇進を辞退する者が多く出るであろう。その結果、人事管理・昇進管理がうまくいかなくなる。

　このため、役付手当の支給により、収入減を補てんするという方法が採用される。

(3)　部下との付き合い・冠婚葬祭

　さらに、役職に就き、部下ができると、付き合いや冠婚葬祭の金銭支出が増える。このような支出は、部下との良好な人間関係を維持・構築するうえで必要である。部下との付き合い費や冠婚葬祭費の補助も、役付手当の1つの目的といえる。

表1　役付手当の支給目的

①	職務上の重い責任への配慮
②	労働基準法の労働時間規定の適用除外となり、時間外手当が支給されなくなることに伴う収入減の補てん
③	部下との付き合い費や冠婚葬祭費の補助

2　役付手当の決め方・運用の仕方

(1)　役付手当の決め方

　役付手当の決め方には、

・職位ごとに一律に定める

・同じ職位でも金額に幅を設ける

・基本給の一定割合とする

の3つがある。

　職位ごとに一律に定める方式は、簡潔で分かりやすい。公正であるために、役職者の理解も得やすい。

　一方、同じ職位でも、ポストによって経営上・組織上の重要度が異なるうえに、部下の人数も異なる。部下の人数が異なれば、人事管理上の苦労の大きさも異なることになる。

　例えば、全国的に事業展開をしている会社の場合は主要都市に支店を設けているが、支店によって営業上の重要性が異なる。一般的に、東京、大阪、名古屋などの大都市には会社や消費者が集中し、多くの売上が期待できる。このため、大都市の支店は、それ以外の支店に比べて、経営上の重要度が高い。

　また、部署により、所属社員数が異なる。部下が多くなればなるほど、部下の人事管理が難しくなるとともに、付き合いや冠婚葬祭の出費が多くなる。部下が1人、2人の役職者と、数十名もいる部署の役職者との役付手当が同一であるというのは、あまり現実的とは認めがたい。

　このため、同じ職位でも役付手当の金額に幅を設けるという方式も、それなりに合理的である。

　職位ごとに金額に幅を設ける場合には、

・職務の内容（遂行の困難度、責任の大きさ、重要度）
・部下の人数

などを総合的に勘案して、具体的な金額を決定すべきである。

（2）　役付手当の採用状況

　ある調査によると、役付手当を支給している会社を100とした場合の採用比率は、

・職位ごとに一律に定める　　62％
・同じ職位でも金額に幅を設ける　　37％
・基本給の一定割合とする　　1％

表2　役付手当の決め方（月額）

職位別一律方式	（例1） 部長　　　　　　　　　　80,000 円 部次長　　　　　　　　　65,000 円 課長　　　　　　　　　　50,000 円 課長代理　　　　　　　　30,000 円 係長　　　　　　　　　　15,000 円
	（例2） 本社部長、工場長、支店長、研究所長 　　　　　　　　　　　　90,000 円 本社部長代理、本社室長、工場長代理、支店長代理、研究所長代理　70,000 円 本社課長　　　　　　　　55,000 円 本社課長代理、工場課長、支店課長、研究所室長、出張所長　　　35,000 円 係長、配送センター長　　20,000 円 職長　　　　　　　　　　10,000 円 班長　　　　　　　　　　 5,000 円
同一職位でも幅を設ける方式	部長　　　　　　100,000～70,000 円 部次長　　　　　 80,000～60,000 円 課長　　　　　　 70,000～50,000 円 課長代理・課長補佐　60,000～40,000 円 係長　　　　　　 30,000～10,000 円
基本給の一定率方式	本人の基本給×15％

となっている。

(3)　職位ごとの格差

　役付手当については、部長・課長・係長という職位ごとに一律に定める会社が過半数を占めるが、この場合には、職位ごとの格差をどの程度にするかがポイントとなる。

　格差を大きくすると、役職者間の連帯感・一体感が形成されなくなる可能性がある。これに対して、格差が小さいと、上位の役職者（部長）の意欲と責任意識にマイナスの影響を与える恐れがある。

　職位間の役付手当の格差は、

・職務の内容

・職務上の責任の大きさ

・職務上の権限

・職位ごとの基本給の水準

・時間外手当の支給の有無

などを総合的に勘案して決定すべきである。

　一般的にみて、部長の役付手当を 100 とした場合、

　　課長の役付手当　60％程度

　　係長の役付手当　20％程度

とするのが適切であろう。

（4）　専門職・専任職の取り扱い

　会社の中には、中高年化の進展、業務内容の多様化・高度化、職種の細分化などの経営環境の変化に対応して、ライン系統の役職（部長・課長・係長）とは別に、専門職や専任職などの名称のスタッフ職を置いているところがある。スタッフ職を調査役、考査役、審議役などの名称で呼んでいる会社もある。

　一定の年齢に達して役職を離脱した者を、そのポストに応じて、専門部長、専門課長または専門係長という呼称で処遇しているところもある。

　スタッフ職は、一般に部下を持たず、単独またはグループで特定の業務を遂行するが、一定の経験年数や専門知識を有するため、役職者に準じる処遇が行われている。

　専門職・専任職は、本来的に「特定分野の経験が豊かな者や専門知識を有する者を、職務内容、職務権限および給与などの面で役職者に準じて処遇する」という制度である。したがって、役付手当の面においてもそれ相応の処遇をするべきである。しかし、部下を有せず、人事管理は行わない。また、職務上、役職者ほどの重い責任は負っていない。

これらの点を総合的に勘案すると、スタッフ職については、同等職位の役職者に支給される役付手当の半額程度を「専門職手当」「専任職手当」という名目で支給するのが妥当であろう。

表3　専門職手当・専任職手当の設定例

役付手当	専門職・専任職・待遇職手当
部長　80,000円 課長　50,000円 係長　20,000円	1　専門職手当 専門部長　40,000円程度 専門課長　25,000　〃 専門係長　10,000　〃 2　専任職手当 専任部長　40,000円程度 専任課長　25,000　〃 専任係長　10,000　〃 3　待遇職手当 部長待遇　40,000円程度 課長待遇　25,000　〃 係長待遇　10,000　〃

(5)　兼務者の取り扱い

会社は、業務の都合により、ある役職者に対して、他の役職との兼任を命令することがある。

例えば、人事課長が私傷病で休職する場合に、総務部長に人事課長を兼務させる。また、営業課長が自己都合で突然退職したときに、後任が決まるまでの間、営業部次長に営業課長を兼務させたりする。

このように、ある役職者が複数の職位を兼務するときは、上位の役職に対応する役付手当だけを支給する。

例えば、営業部次長に営業課長を兼務させるときは、部次長に対応する役付手当だけを支給する。

(6)　時間外手当との関係

労働基準法第41条は、「監督若しくは管理の地位にある者には、労働時間の規定は適用しない」旨定めている。

これを受けて、役職者に対しては、時間外手当を支給せず、役付手当のみを支給している会社が多い。

　「監督若しくは管理の地位にある者」について、厚生労働省では、「一般的には、部長、工場長等労働条件の決定その他労務管理について経営者と一体的な立場にある者の意であり、名称にとらわれず、実態に即して判断すべきものある」（昭和63・3・14基発150号）としている。

　管理監督者の範囲については、「時間外手当の支払いを免れたい」「人件費を少しでも低く抑えたい」という現実的な思惑から、とかく拡大解釈しがちである。部下の労務管理についての決定権限がほとんど与えられていない者を「管理監督者」として取り扱いがちである。しかし、そのようなことは、避けなければならない。

　役職者に対しては、時間外手当を支給せず、役付手当のみを支給するという取り扱いをするときは、
① 時間外手当を支給しない者（管理監督者）の範囲をあまり拡大しない
② 一般社員の時間外手当の支給額を勘案して、役付手当を決定する（時間外手当を支給される者と、支給されない者との収入のバランスを確保する）

の2点に十分配慮する必要がある。

表4　時間外手当と役付手当との関係

	対象者
時間外手当は支給せず、役付手当のみ支給する	部長、課長
時間外手当と役付手当の双方を支給する	課長代理、係長、主任、職長、班長
時間外手当のみを支給する	一般社員

(7) 業績不振と手当の減額・不支給

　経営者の立場からすると、業績が常に良好であることが望ましい。売上と利益が増加を続けることが理想である。当然のことであろう。

　しかし、現実は厳しい。経営努力を重ねても、売上と利益が大きく減少し、業績が不振に陥ることがある。

　業績が不振に陥ったときに、経費節減の一環として役付手当の減額または不支給が検討されることがある。役付手当の減額・不支給は、経費節減のほかに、管理職の経営危機意識を高めるという効果も期待できる。

　役付手当の減額または不支給については、労働基準法の「賃金は、その全額を支払わなければならない」という規定に十分配慮しなければならない。

　例えば、就業規則（賃金規程）において、

「役職者に対しては、部長 80,000 円、課長 50,000 円、係長 30,000 円（月額）の役付手当を支払う」

と定められているとする。

　この場合に、「業績が不振のため、少しでも人件費を減らす必要があるから」といって、手当を半額にカットするとする。そうすると、賃金の全額が支払われないことになり、労働基準法に違反する。たとえ、役職者が手当のカットに同意していても、労働基準法違反であることに変わりはない。

　役付手当を半減させたいのであれば、まず就業規則を

「役職者に対しては、部長 40,000 円、課長 25,000 円、係長 15,000 円（月額）の役付手当を支払う」

と変更しなければならない。そのうえで、役付手当の半減を実施する。このような手順を踏めば、労働基準法に違反することにはならない。

3　モデル支給基準

役付手当支給基準

1　役付手当の支給

　役職者に対して、役付手当を支給する。

2　支給額（月額）

　（1）　部長　80,000円

　（2）　部次長　65,000円

　（3）　課長　50,000円

　（4）　係長　15,000円

3　兼任者の取り扱い

　複数の役職を兼任している者については、上位の役職に対応する役付手当を支給する。

4　専任職の取り扱い

　専任職に対しては、次の金額を専任職手当として支給する。

　（1）　専任部長　40,000円

　（2）　専任部次長　35,000円

　（3）　専任課長　25,000円

　（4）　専任係長　8,000円

5　支給日

　給与支給日に支給する。

6　支給の開始・変更

　役付手当は、役職に就任した月から支給を開始する。上位の役職に昇進したときは、昇進した月から上位の役職の役付手当を支給する。

　役職者が専任職に異動したときは、異動した月までは役付手当を支給し、その翌月から専任職手当を支給する。

　給与計算期間の途中で役職に就任したとき、上位の役職に昇進し

たとき、または専任職に異動したときは、日割計算により支給する。

7　時間外手当の取り扱い

時間外手当の取り扱いは、次のとおりとする。

（1）　部長、専任部長　支給しない

（2）　部次長、専任部次長　支給しない

（3）　課長、専任課長　支給しない

（4）　係長、専任係長　支給する

以上

（様式）役付手当支給一覧

役付手当支給一覧

人事部

氏名	役職名	役付手当	備考
1			
2			
3			
4			
5			
6			
7			
8			
9			
10			

以上

(参考）役職規程

役職規程

（目的）

第1条　この規程は、役職者の職位、職務権限および職務執行心得等について定める。

（職位）

第2条　社員の役職は、次のとおりとする。

（1）　部長

（2）　部次長

（3）　課長

（4）　係長

（代理職）

第3条　会社は、経営上必要であると認めるときは、役職者の代理職を置く。

2　代理職は、役職者が不在のときに、その職務を代わって行う。

（補佐職）

第4条　会社は、経営上必要であると認めるときは、役職者の補佐職を置く。

2　補佐職は、役職者の職務を補佐する。

（職務権限の原則）

第5条　役職者は、原則として次の権限を有する。

（1）　所管部門の運営方針について立案し、上位の役職者に決済を求める権限

（2）　所管部門の業務計画について立案し、上位の役職者に決済を求める権限

（3）　所管事項の実施方針を決定する権限

（4）　所管事項を実施する権限

（5） 所管事項の実施について、下位職位を指揮命令する権限
（6） 下位職位に指揮命令した事項について、その結果の報告を求める権限
（7） 下位職位について、その職務の遂行を監督する権限
（8） 下位職位について、部門内の配置を計画し、上位職位に決済を求める権限
（9） 下位職位の人事について、会社に推薦する権限
（10） その他職位に課せられた職務を円滑に遂行するうえで必要な権限

（各職位の職務権限）
第6条　役職者の職務権限は、別表のとおりとする。

（職務権限の行使）
第7条　役職者は、自らの権限を自らが直接行使することを原則とする。

（職務権限侵害の禁止）
第8条　役職者は、他の役職者が有する職務権限を侵害してはならない。

（職務権限の委譲）
第9条　役職者は、必要であると認めるときは、自らの職務の一部をその職務の遂行に必要な権限とともに、下位の役職者に委譲することができる。ただし、委譲した場合においても、その職務の遂行経過および結果についての監督責任を免れることはできない。

（職務権限の代行）
第10条　前条の規定により職務権限の委譲を受けた者（以下、「代行者」という）は、委譲された職務権限を自己の職名をもって代行するものとする。
2　代行者は、権限代行の遂行経過および結果について責任を負うとともに、その遂行経過および結果を委譲者に報告しなければな

らない。
（職務の遂行）
第11条　役職者は、上位の役職者の指示命令に従って職務を遂行しなければならない。
2　意思決定に迷うときは、独断専行することなく、上位役職者の意見を求めなければならない。
（職務の報告）
第12条　役職者は、上位の役職者に対して職務の進捗状況と結果を適宜かつ正確に報告しなければならない。
（付則）
この規程は、　年　月　日から施行する。

（別表）役職者の職務権限

部長	1	会社の経営計画の立案に参画する権限
	2	部の運営方針について立案し、社長に決済を求める権限
	3	部の業務計画について立案し、社長に決済を求める権限
	4	部の業務計画を実施する権限
	5	部の業務計画の実施について、下位職位を指揮命令する権限
	6	下位職位に指揮命令した事項について、その結果の報告を求める権限
	7	下位職位の職務の遂行を監督する権限
	8	部内の人員配置を計画し、社長に決済を求める権限
	9	下位職位の勤怠を把握する権限
	10	下位職位に対し、時間外勤務、休日勤務および出張を命令する権限
	11	下位職位の人事考課を行う権限
	12	下位職位の昇進および賞罰を社長に推薦する権限
	13	その他部長職に課せられた職務を円滑に遂行するうえで必要な権限
部次長	1	部長を補佐する権限
	2	部長を欠くとき、または事故あるときは、その職務を代行する権限

課長	1	部の運営方針の立案に参画する権限
	2	部の業務計画の立案に参画する権限
	3	課の運営方針について立案し、部長に決済を求める権限
	4	課の業務計画について立案し、部長に決済を求める権限
	5	課の業務計画を実施する権限
	6	課の業務計画の実施について、下位職位を指揮命令する権限
	7	下位職位に指揮命令した事項について、その結果の報告を求める権限
	8	下位職位の職務の遂行を監督する権限
	9	課内の人員配置を計画し、部長に決済を求める権限
	10	下位職位の勤怠を把握する権限
	11	下位職位に対し、時間外勤務、休日勤務および出張を命令する権限
	12	下位職位の人事考課を行う権限
	13	下位職位の昇進および賞罰を部長に推薦する権限
	14	その他課長職に課せられた職務を円滑に遂行するうえで必要な権限
係長	1	課の運営方針の立案に参画する権限
	2	課の業務計画の立案に参画する権限
	3	係の運営方針について立案し、課長に決済を求める権限
	4	係の業務計画について立案し、課長に決済を求める権限
	5	係の業務計画を実施する権限
	6	係の業務計画の実施について、係員を指揮命令する権限
	7	係員に指揮命令した事項について、その結果の報告を求める権限
	8	係員の職務の遂行を監督する権限
	9	係内の人員配置を計画し、課長に決済を求める権限
	10	係員の勤怠を把握する権限
	11	係員に対し、時間外勤務、休日勤務および出張を命令する権限
	12	係員の人事考課を行う権限
	13	係員の昇進および賞罰を課長に推薦する権限
	14	その他係長職に課せられた職務を円滑に遂行するうえで必要な権限

第11節　資格等級手当

1　資格等級手当支給の目的

　仕事のできる能力（職務遂行能力）は、社員によって異なる。

　会社の立場からすると、すべての社員が業務に関して豊かな知識を持ち、高いレベルの技術・技能を習得していることが理想であるが、現実はそうではない。豊かな業務知識と高いレベルの技術・技能を持っている者もいれば、そうでない者もいる。

　仕事のできる能力のレベルを基準としていくつかの資格等級を設け、その資格等級への格付けをもとに人事管理を行う仕組みを「資格等級制度」という。

　資格等級の区分を多くすると、区分間の差異を明確にすることが困難となる。逆に、区分の数が少ないと、資格等級制度の効用が期待できなくなる。資格等級は、7～10程度に区分するのが適切であるといわれる。

　資格等級によって、会社で果たすべき役割・任務が異なる。当然のことながら、資格等級において上位に格付けされている者ほど、重要な役割を果たして会社の業績に貢献することが期待される。

　資格等級のレベルに応じて支給されるのが資格等級手当である。

　なお、基本給が資格等級に応じて決められる給与制度（資格給・役割給）を採用している会社では、資格等級手当を支給する必要はない。

2 資格等級手当の決め方・運用の仕方

(1) 資格等級手当の決め方

資格等級の決め方には、
- 全社員に一本の資格等級を適用する
- 職種別（総合職、一般職、技能職、その他）に資格等級を決める

の2つがある。

社員の大半がほぼ同種の職種に従事している場合には、全社員に一本の資格等級を適用するのがよい。これに対して、複数の職種が存在する場合には、職種別に資格等級を設定するのがよい。

全社員に一本の資格等級を適用するときは、例えば、次のように資格等級手当を決める。

　　社員1級　　2,000円
　　社員2級　　4,000円
　　社員3級　　7,000円
　　社員4級　12,000円
　　社員5級　17,000円
　　（以下、省略）

これに対して、職種別に資格等級を設定するときは、職種別の資格等級ごとに手当の金額を決める。例えば、次のとおりである。

　　（総合職）
　　総合職1級　　5,000円
　　総合職2級　　7,000円
　　総合職3級　10,000円
　　総合職4級　15,000円
　　（以下、省略）
　　一般職1級　　1,000円
　　一般職2級　　2,000円

一般職3級　4,000円
　　（以下、省略）
（2）　資格等級手当と役付手当との関係
　上位の資格等級に格付けされている者は、係長、課長、部次長、部長等のラインの役職に就いている。
　役職者の取り扱いについては、
　・資格等級手当のみで、役付手当は特に支給しない
　・資格等級手当と役付手当の双方を支給する
の2つがある。
　役職者は、係・課・部という部門の最高責任者として、部下を適切に指導監督して部門に課せられた業務を確実に遂行するという重い責任を負っている。部下の人事管理を行わなければならない。このため、資格等級手当とは別に、その職位に応じて一定の役付手当を支給するのが妥当であろう。

3　モデル支給基準

資格等級手当支給基準

1　資格等級手当の支給
　資格等級を基準として、資格等級手当を支給する。
2　支給額（月額）
　（1）　社員1級　2,000円
　（2）　社員2級　4,000円
　（3）　社員3級　7,000円
　（4）　社員4級　12,000円
　（5）　社員5級　17,000円
　（6）　社員6級　24,000円
　（7）　社員7級　30,000円

（8）　社員8級　36,000円
　（9）　社員9級　42,000円
3　支給の開始・変更
　採用後、いずれかの資格等級に格付けされた月から支給を開始する。
　昇格したときは、その月から、昇格した資格等級に対応する手当を支給する。
4　支給日
　給与支給日に支給する。
5　役付手当との関係
　次の職位にある者に対しては、資格等級手当とは別に、その職位に対応する役付手当を支給する。
　（1）　係長
　（2）　課長
　（3）　部次長
　（4）　部長

　　　　　　　　　　　　　　　　　　　　　　　　　　　以上

(参考) 資格等級基準・呼称・役職対応

① 資格等級基準

	資　格　等　級　基　準
社員1級	上司または先輩社員の具体的・細部的な指示監督を受けて、定型的・反復的な業務を正確に処理する能力を有すること
社員2級	上司または先輩社員の具体的な指示監督を受けて、あるいは部分的に任されて、定型的・反復的な業務を正確に処理する能力を有すること。業務マニュアルに従って定型的・反復的な業務を正確に処理できること
社員3級	上司または先輩社員の包括的な指示を受けて、定型的・反復的な業務はもちろん、ある程度非定型的な業務についても、判断力を働かせて正確に処理する能力を有すること
社員4級	業務について実務的な知識・技術または技能を有し、独力で定型的な業務はもちろん、非定型的な業務も、その内容に応じて正確かつ迅速に処理できる能力を有すること
社員5級	業務について実務的な知識・技術または技能を幅広く有し、独力で定型的な業務はもちろん、非定形的な業務も、その内容に応じて正確かつ迅速に処理できる能力を有するとともに、作業グループのとりまとめ、および後輩社員の指導も的確にできる能力を有すること
社員6級	課長の包括的指示に基づき、課の運営方針を正しく踏まえ、係またはこれに相当する小規模の組織の管理者として、部下を適切に統率・指導し、所管業務を効率的に運営・管理できる能力を有すること
社員7級	部長の包括的指示に基づき、部の運営方針を正しく踏まえ、課またはこれに相当する中規模の組織の管理者として、部下を適切に統率・指導し、所管業務を効率的に運営・管理できる能力を有すること
社員8級	部長の包括的指示に基づき、部の運営方針を正しく踏まえ、課またはこれに相当する中規模な組織の管理者として、部下を適切に統率・指導し、所管業務を効率的に運営・管理できると同時に、幅広い業務知識と豊富な業務経験をもとに、部長を適切に補佐できる能力を有すること。部長が不在のときは、部長の業務を臨時的に代行できる能力を有すること
社員9級	幅広い業務知識および豊富な業務経験を有し、経営方針を正しく踏まえ、強力なリーダーシップを発揮して、部またはこれに相当する最大規模の組織の管理者として、部下を適切に統率・指導し、所管業務を効率的に運営・管理できる能力を有すること

② 資格等級の呼称および役職対応

	① 呼称	② 役職対応
社員1級		
社員2級		
社員3級		
社員4級	主任	
社員5級	主事補	
社員6級	主事	係長
社員7級	参事補	課長・係長
社員8級	参事	部次長・課長
社員9級	理事	部長・部次長

第12節　駐在員手当

1　駐在員手当支給の目的

　地方の会社の中には、東京や大阪などの大都市に1、2名の社員を駐在させ、
- マーケットと消費者に関する情報の収集
- 同業他社の販売戦略についての情報の収集
- 主要取引先との連絡・調整
- 業界団体との連絡

などに当たらせているところがある。
　駐在員は、単独で、あるいは少数の人数で情報の収集や連絡・調整という重要な業務に当たるため、身体的・精神的な疲労が大きい。また、人数が少ないため、年次有給休暇などの休暇を満足に取得することができない。さらに、出張で来た役員や幹部社員の案内で、帰宅が夜遅くなることもある。
　駐在員手当は、このような事情に配慮して支給されるものである。

2　駐在員手当の決め方・運用の仕方

(1)　駐在員手当の決定要素

　駐在員にとって、手当の金額は重要な関心事項である。手当の金額は、
- 駐在員の業務内容
- 駐在先の都市の物価水準
- 1日の平均的な勤務時間数
- 1ヶ月の平均的な勤務日数

などを踏まえて決定するのが合理的である。

（2） 駐在員手当の決め方

　駐在員の任期は、一般に、2年、3年と長期に及ぶ。2、3ヶ月ごとに駐在員が交替するということは、普通はない。このため、駐在員手当は、1ヶ月を単位として、定額または定率で決めるのが適切である。

　定額で決める場合、その決め方には、

　　・一律に決める

　　・役職別に決める

　　・資格等級別に決める

　　・駐在先の都市別に決める

などがある。

表　駐在員手当の決め方（月額）

1ヶ月当たり定額制	（例1）〜一律同額方式〜 　　　　20,000円
	（例2）〜役職別に決める〜 社員　　15,000円 係長　　20,000円 課長　　25,000円
	（例3）〜資格等級別に決める〜 主任　　15,000円 主事　　20,000円 参事補　25,000円 参事　　30,000円
	（例4）〜駐在先別に決める〜 東京　　30,000円 大阪　　25,000円 名古屋　22,000円
1ヶ月当たり定率制	基本給×10%

（3） 住宅手当の支給

　会社として、駐在員のために借上げ社宅を確保しておくことが望ましい。しかし、実際には、そうはいかないこともあろう。

　社宅がなければ、駐在員は借家を探すことになる。しかし、大都市の借家は、一般に、賃貸料が高額である。このため、駐在員本人に借家を決めさせる場合には、借家の賃貸料について、住宅手当を支給するなど、一定の配慮をすることが望ましい。

3　モデル支給基準

駐在員手当支給基準

1　駐在員手当の支給

　駐在員を命令されて赴任する者に対して、駐在員手当を支給する。

2　支給額（月額）

　資格等級に応じて、次の金額。

　（1）　主任　15,000 円

　（2）　主事　20,000 円

　（3）　参事補　25,000 円

　（4）　参事　30,000 円

3　支給日

　給与支給日に支給する。

4　支給の開始・変更・停止

　駐在員として赴任した月から支給を開始し、離任する月の翌月から支給を停止する。

　資格等級が変更になったときは、変更になった月から変更後の資格等級に対応する額を支給する。

　給与計算期間の途中から赴任または離任したときは、日割計算により支給する。　　　　　　　　　　　　　　　　　　　　　以上

第4章

職務関連手当（2）

第1節　小集団活動手当
第2節　研修手当
第3節　繁忙手当
第4節　プロジェクトチーム手当
第5節　リクルーター手当
第6節　メンター手当
第7節　携帯電話手当

第1節　小集団活動手当

1　小集団活動手当支給の目的

　社員が職場において、自主的にフォーマル、あるいはインフォーマルなグループをつくり、仕事の自主管理や問題解決に当たる小集団活動は、職場を活性化させるとともに、品質の向上、生産性の向上、事故の減少などを通じて、会社の競争力を強める。業績の向上にも貢献する。

　また、小集団活動により、人材の育成も図られる。「仕事の進め方について考える社員」「仕事の改善に自主的に取り組む社員」が増える。

　厳しい経営環境に対応し、小集団活動の活性化に積極的・組織的に努めることが望ましい。

　小集団活動の活性化には、表彰制度をはじめとしてさまざまな方法があるが、手当の支給もその1つである。小集団活動を成功させるには相当の努力と創意工夫が必要である。一定の手当を支給し、その努力と創意工夫に応える。

2　小集団活動手当の決め方・運用の仕方
（1）　月極め定額方式

　小集団活動は、一般に、職場で行われている業務の内容を踏まえ、特定のテーマを決めて数ヶ月の単位で行われる。1週間や2週間という期間で終わるものではない。このため、手当は、「1ヶ月当たりいくら」という形で、1ヶ月を単位として、定額で決めるのが適切である。

（2） リーダー・サブリーダー・メンバー

　小集団活動が組織的・効率的に行われるようにするため、リーダー、サブリーダーが置かれるのが一般的である。

　リーダーは、メンバーの問題意識を高めつつ、また、メンバー相互の啓発を図りつつ、さらに、メンバーの和に気を配りながら、テーマについて具体的・建設的な解決策が生み出されるよう、活動を推進していく役割を担う。

　また、サブリーダーは、小集団活動が当初の目標を達成できるよう、リーダーを補佐する役割を担う。

　このような事情に配慮し、手当は、リーダー、サブリーダーおよびメンバーに区分して決めるのがよい。

（3） メンバーの手当の決め方

　メンバーは、誰もが小集団活動に積極的にかかわり、議論に参加し、自らの意見を述べる責任を負っている。メンバーによって、その責任に軽重はない。したがって、メンバーの手当の金額は、年齢や勤続年数などにかかわらず、全員同額とする。

3　モデル支給基準

小集団活動手当支給基準

1　小集団活動手当の支給

　職場において、小集団活動を行う社員に対して、小集団活動手当を支給する。

2　支給額（月額）

　（1）　リーダー　5,000円

　（2）　サブリーダー　4,000円

　（3）　メンバー　3,000円

3　支給の開始・停止

（1） 小集団を立ち上げ、会社に届け出た月から支給を開始し、活動を停止した月、または小集団の解散を会社に届け出た月の翌月から支給を停止する。
（2） 社員が小集団に新たに参加したときは、参加した月から支給を開始する。
（3） メンバーが退職等によりメンバーを外れたときは、外れた月の翌月から支給を停止する。

4　支給日

給与支給日に支給する。

以上

(様式) 小集団活動手当支給一覧

小集団活動手当支給一覧

人事部

1　小集団の名称等

1	所属部門	
2	小集団の名称	
3	課題テーマ	
4	活動期間	

2　メンバー・支給額等

	氏名	手当支給額	備考
リーダー			
サブリーダー			
サブリーダー			
メンバー			
〃			
〃			
〃			
〃			
〃			
〃			

以上

第2節　研修手当

1　研修手当支給の目的

　会社は、社員の職務遂行能力の向上、生産性・効率性の向上などを目的として、定期的あるいは不定期に集合形式の社員研修を実施している。

　研修には、
- 新入社員、中堅社員、初任管理者、中級管理者などの階層ごとに行う「階層別研修」
- 営業職、技術職、研究職、技能職などの職種別に行う「職種別研修」
- 一定の課題を決めて、全社員あるいは関係社員を対象として行う「課題別研修」

がある。

　社員は、日常の業務を離れて、集合研修を受ける。机に向かい、講師の話に耳を傾ける。研修は、職務遂行能力を向上させるものであるから、社員本人にとっても意義のあることである。しかし、新しいことを覚えたり、普段の行動様式や思考方法の変革を迫られたりするため、社員にとって相当の重荷である。心理的な苦痛を感じる者も、少なくはない。

　研修手当は、そのような事情に配慮して支給されるものである。

2　研修手当の決め方・運用の仕方

（1）　研修手当の支給単位

　研修手当の支給には、主として、

・研修1日を単位として支給する
・研修1回を単位として支給する

の2つがある。

　研修の種類によって、1週程度に及ぶこともあれば、1日で終わることもあるような会社の場合は、1日を単位として算定するのが合理的である。

　これに対して、いずれの研修もおおむね2時間程度で終了する会社の場合は、1回を単位として算定するのが合理的である。

(2)　研修手当の決め方

　研修手当は、定額方式で決める。定額の決め方には、

・全員一律とする
・役職別に決める
・資格等級別に決める

などがある。

表　研修手当の決め方（1回を単位として支給する場合）

全員一律方式	1回当たり、500円
役職別方式	1回当たり、次の金額。 社員　　500円 係長　　800円 課長　1,200円 部長　1,500円
資格等級別方式	1回当たり、次の金額。 社員1級　　500円 社員2級　　700円 社員3級　1,000円 社員4級　1,400円 社員5級　1,800円 社員6級　2,200円 社員7級　2,500円

（3） 時間外手当との関係

　研修は、勤務時間内に行われることもあれば、時間外に行われることもある。

　勤務時間外に行われ、かつ、その研修への参加が義務付けられている場合には、研修時間は時間外勤務となる。したがって、会社は、研修時間に対して時間外手当を支払うことが必要である。

　時間外勤務手当の取り扱いについては、実務的に、
　・研修手当とは別に時間外手当を支給する
　・研修手当の中に時間外手当を含める
の2つがある。

　研修手当の中に時間外手当を含める場合には、その金額に注意しなければならない。研修手当の金額が時間外手当の金額を下回ると、結果的に「時間外勤務をさせながら、それに相当する割増賃金を支払っていない」ということになるからである。

3　モデル支給基準

研修手当支給基準

1　研修手当の支給
　会社が主催する研修に参加した者に対して、研修手当を支給する。ただし、次の研修には、支給しない。
　・新入社員研修
　・参加が社員の自由に委ねられている研修
2　支給額
　職位に応じ、1回当たり次の金額。
　（1）　社員　　500円
　（2）　係長　　800円
　（3）　課長　　1,200円

（4）　部長　1,500円

3　支給日

　給与支給日に支給する。

4　時間外手当・休日手当の支給

　研修が勤務時間外に行われるときは、研修時間を時間外勤務として取り扱い、それに相当する時間外手当を研修手当とは別に支給する。

　研修が休日に行われるときは、研修時間を休日勤務として取り扱い、それに相当する休日手当を研修手当とは別に支給する。

以上

第3節　繁忙手当

1　繁忙手当支給の目的
　会社の中には、業務の量が年間を通してほぼ一定しているところもあれば、繁忙期がある会社もある。
　例えば、デパート業界は、中元と歳暮の時期が特に忙しい。
　いわゆる夏物商品や冬物商品を製造しているメーカーにも、繁忙期がある。観光業、旅行業にも、繁忙期と非繁忙期とがある。
　また、年末や年度末が特に忙しいという会社も、かなりある。
　繁忙期を乗り越えるには、社員の理解と協力が必要不可欠である。社員の理解と協力を得て繁忙期に対応し、業績の向上と顧客サービスの充実を図るために、繁忙手当を支給する。

2　繁忙手当の決め方・運用の仕方
（1）　支給対象の期間・部門の決定
　繁忙手当を支給するときは、業務の実態に即して、
　・いつからいつまでを繁忙期とするか（繁忙期間）
　・どの部門に支給するか
を決める必要がある。
　すべての部門が繁忙になるのであれば、全社員に対して支給する。これに対して、特定の部門だけが特に忙しくなるのであれば、その部門だけに支給する。
（2）　繁忙手当の決め方
　繁忙手当の決め方には、主として、
　・1ヶ月当たり定額で決める

・1ヶ月当たり定率で決める
・1ヶ月当たり定額＋定率で決める
などがある。

定額方式には、
・社員にとって分かりやすい
・定期昇給など、給与アップの影響を受けない
などのメリットがある。

定額方式を採用する場合、その決め方には、
・全員同額とする
・資格等級別に決める
などがある。

表1　繁忙手当の決め方（月額）

一律定額方式	役職、資格等級、勤続年数等にかかわりなく、月額5,000円
資格等級別定額方式	社員1級　3,000円 社員2級　4,000円 社員3級　5,000円 社員4級　6,000円 社員5級　7,000円 社員6級　8,000円
定率方式	基本給×0.3
定額＋定率方式	基本給×0.3＋2,000円

（3）　管理職の取り扱い

管理職の取り扱いを定める。

「役付手当の中には、繁忙期への対応分も含まれている」「管理職には、相当の給与を支給している」という考えに立てば、管理職には支給する必要はないであろう。

これに対して、「繁忙期には、管理職の負担が特に重くなる」と

いう考えに立てば、管理職にも支給すべきである。

（4） 時間外・休日勤務手当との関係

　繁忙期には、通常よりも業務の量が多いわけであるから時間外勤務または休日勤務が行われるであろう。

　時間外勤務が行われたときは、時間外勤務手当を支給する。休日勤務が行われたときは、休日勤務手当を支給する。

　なお、繁忙手当の中に、時間外・休日勤務手当を含ませることも可能である。この場合には、繁忙手当の金額の設定に十分配慮することが必要である。

　すなわち、繁忙期に、平均して1ヶ月当たり10時間程度の時間外勤務が行われるときは、時間外手当10時間分の金額を下回らないように繁忙手当の金額を設定しなければならない。10時間程度の時間外勤務が行われているにもかかわらず、繁忙手当の金額が時間外勤務5時間程度の金額であると、残り5時間分の時間外勤務手当が支払われていないことになり、労基法違反となる。

表2　繁忙手当支給のポイント

1	繁忙時期	業務の実態（仕事の量）に応じて、繁忙時期を特定する。
2	支給対象者	業務の実態に応じて、支給対象部門を決める。
3	管理職の取り扱い	管理職に対しても支給するか、あるいは支給しないかを決める。
4	支給額	1ヶ月当たり定額で決める。資格等級制度があるときは、資格等級別に決める。
5	支給日	給与支給日に支給する。
6	時間外・休日勤務手当との関係	繁忙手当の中に時間外・休日勤務手当を含ませるときは、本来支払われるべき時間外・休日勤務手当の額を下回らないように繁忙手当の額を決める。

3　モデル支給基準（夏物商品メーカーの場合）

繁忙手当支給基準

1　繁忙手当の支給

　繁忙期（5月および6月）に、生産業務に携わる者に対して、繁忙手当を支給する。

2　支給対象部門

　工場勤務の者（ただし、課長以上の役職者は除く）

3　支給額（月額）

　資格等級に応じて、次の金額を支給する。

　（1）　技能1級　3,000円

　（2）　技能2級　4,000円

　（3）　技能3級　5,000円

　（4）　技能4級　6,000円

4　支給日

　給与支給日に支給する。

5　時間外・休日勤務手当の支給

　繁忙期間中に時間外勤務または休日勤務が行われたときは、繁忙手当とは別に、時間外勤務手当または休日勤務手当を支給する。

　　　　　　　　　　　　　　　　　　　　　　　　　　　以上

第4節　プロジェクトチーム手当

1　プロジェクトチーム手当支給の目的

　会社の業務は、いずれかの部門が責任をもって遂行するのが原則である。このため、部門ごとに、その部門が遂行すべき業務の内容を「業務分掌」として定めている。各部門は、業務分掌において定められている業務を、確実かつ効率的に遂行すべき義務と責任を負っている。

　しかし、経営環境の変化により、部門の壁を乗り越えて全社的に取り組むべき緊急の課題が生じることがある。このような場合には、組織横断的なプロジェクトチームを臨時的・一時的に立ち上げ、その課題に対応するのが合理的・現実的である。

　プロジェクトチームは、その課題にどのように対応すべきかを総合的・大局的観点から検討し、その結果を社長または役員会に上申する。社長または役員会は、その提言を受けて、具体的な対策を講じる。

　プロジェクトチームのメンバーは、日常の業務のかたわら、会合を開き、「会社として、その経営課題にどのように対応すべきか」を協議する。

　2011・3・11日の東日本大震災の直後、多くの会社は、
・日頃からどのような防災対策を講ずるべきか
・サプライチェーンが被災したときは、どのように対応すべきか
・自社が被災したときは、どのように行動すべきか
を検討するプロジェクトチームを立ち上げたことは記憶に新しい。

　プロジェクトチームのメンバーの労に応えるため、一定の手当を

支給することが望ましい。

2　プロジェクトチーム手当の決め方・運用の仕方
（1）　プロジェクトチーム手当の支給単位
　プロジェクトチームの目的は、経営上きわめて重要な課題への対応を具体的に取りまとめることである。日常の仕事の合間にその取りまとめに当たるわけであるから、相当の期間を必要とする。
　1、2週間では、重要な課題への対応を取りまとめるのは困難である。数ヶ月かかるのが一般的であろう。
　このため、手当は「1ヶ月いくら」という形で月単位できめ、毎月支給することにするのが適切であろう。

（2）　リーダー・サブリーダー・幹事・メンバーの別
　プロジェクトチームは、その活動を組織的・効率的に遂行するため、リーダー（最高責任者）、サブリーダー（副責任者）および幹事などの役員を置くのが通例である。
　リーダーは、
　・会議の招集
　・会議の議事の進行と意見の集約
　・上申内容の原案の作成
　・報告書の取りまとめ
　・社長または役員会への報告書の提出
などの任に当たる。
　サブリーダーは、リーダーを補佐してプロジェクトチームの活動を推進する責任を負う。
　また、幹事は、プロジェクトチームの開催および運営に関する業務を行う。
　このため、手当の金額は、リーダー・サブリーダー・幹事・メンバーの別に決めるのが妥当である。

（3）メンバーの手当の決め方

　プロジェクトチームの役割は、重要な経営課題への対応を取りまとめることである。このため、一般に、メンバーは中堅クラス以上の社員から構成される。課長以上の役職者だけで構成されることもある。

　メンバーの手当の決め方には、
　・全員同額とする
　・役職別に決める
　・資格等級別に決める
などが考えられる。

　メンバーの任務は、重要な経営課題への対応を考え、それを会議の場で述べることである。メンバーによって、任務に相違はない。このため、手当の金額は、全員同額とするのが妥当であろう。

3　モデル支給基準

プロジェクトチーム手当支給基準

1　プロジェクトチーム手当の支給

　経営上の必要によってプロジェクトチームを立ち上げたときは、そのメンバーに対して、プロジェクトチーム手当を支給する。

2　支給額（月額）
　（1）　リーダー　　10,000 円
　（2）　サブリーダー　　8,000 円
　（3）　幹事　　6,000 円
　（4）　メンバー　　5,000 円

3　支給の開始・停止

　プロジェクトチームを立ち上げた月から支給を開始し、解散した月の翌月から支給を停止する。

4 支給日

給与支給日に支給する。

以上

(様式) プロジェクトチーム手当支給一覧

プロジェクトチーム手当支給一覧

人事部

1 プロジェクトチームの名称等

1	名称	
2	課題テーマ	
3	設置期間	

2 メンバー・支給額等

	氏名・役職	手当支給額	備考
リーダー			
サブリーダー			
幹事			
メンバー			
〃			
〃			
〃			
〃			
〃			
〃			

以上

(参考) プロジェクトチーム規程

プロジェクトチーム規程

(目的)
第1条 この規程は、プロジェクトチームの設置および運営等について定める。

(プロジェクトチームの設置)
第2条 会社は、経営環境の変化により全社的かつ緊急に取り組むべき課題が生じたときは、取締役会の決議によりプロジェクトチームを設置する。

(設置期間)
第3条 プロジェクトチームについては、あらかじめ設置期間を定める。ただし、目的の達成状況により、その期間を短縮し、または延長することがある。

(組織上の位置付け)
第4条 プロジェクトチームは、社長直属とする。

(社員への発表)
第5条 プロジェクトチームを設置したときは、社員に対して次の事項を発表する。
　（1）　プロジェクトチームの名称
　（2）　プロジェクトチーム設置の目的
　（3）　設置年月日
　（4）　メンバーの氏名
　（5）　その他必要事項

(プロジェクトチームの業務)
第6条 プロジェクトチームは、取締役会から指示された課題への対応策を検討・審議し、その結果を取締役会に提言する。
2　課題への対応策は、次の条件を満たすものでなければならない。

（1）　会社として実行可能なものであること
（2）　一定の成果または効果が期待できること
（3）　法令に違反しないものであること

（メンバーの人数）

第7条　プロジェクトチームのメンバー人数は、おおむね5名以上15名以内とする。

（メンバーの任命）

第8条　メンバーは、プロジェクトチームの設置目的である課題を踏まえ、社長が役員および関係部長の意見を聞いて任命する。

（メンバーの任期）

第9条　メンバーの任期は、プロジェクトチームの設置期間と同一とする。

（役員）

第10条　プロジェクトチームにリーダー、サブリーダーおよび幹事を置く。

2　リーダーは、プロジェクトチームを統括する。

3　サブリーダーは、リーダーを補佐する。リーダーに事故あるときは、その業務を代行する。

4　幹事は、プロジェクトチームの開催および運営に関する業務を行う。

（役員の選任方法）

第11条　役員は、メンバーの互選により選任する。ただし、必要と認めるときは、社長が任命する。

（会議の開催）

第12条　会議は、リーダーが招集することによって開催する。

（付則）

この規程は、　年　月　日から施行する。

第5節　リクルーター手当

1　リクルーター手当支給の目的

　会社にとって、新卒者の採用はきわめて重要である。能力と意欲に優れた新卒者を定期的・継続的に採用することにより、中長期的な成長の道が開かれる。

　新卒者の採用は、本来的に人事部の仕事である。しかし、対象者が学生であるため、人事部のスタッフだけで行うよりも、入社年次の若い社員を活用するのがベターである。このため、若い社員を「リクルーター」として活用している会社が多い。

　リクルーター制は、会社にとって、「先輩という立場を利用して、学生に確実にアプローチできる」「学生に会社への親近感を与えられる。先輩のいる会社、という身近さを感じてもらえる」「採用活動の生産性・効率性を高めることができる」などのメリットがある。

　リクルーターの任務は、一般的には、「出身校等の学生のうち能力・意欲に優れている者に対して、会社の業務の内容、新卒者採用計画および採用後の労働条件などを説明し、会社の採用試験の受験を働きかけること」である。

　採用選考で採用を内定したときは、その内定者を確実に入社に導くことが必要である。このため、「採用を内定した者を確実に入社に導くこと」をリクルーターの任務に加えている会社も少なくない。

　リクルーターの任務を果たすためには、それ相応の努力と工夫が必要とされる。そのような努力と任務に応えるため、一定の手当を支給するのがよい。

2　リクルーター手当の決め方・運用の仕方

(1)　リクルーター手当の支給単位

近年、新卒者の採用活動が長期化する傾向にある。このため、リクルート活動も、長期に及んである。また、リクルーター活動は、長期にわたって計画的・継続的に行わなければ成功するものではない。2、3週間程度でリクルーター活動を完全にやり終えるというのは、一般的には困難といえる。

このため、リクルーター手当は、「1ヶ月当たりいくら」という形で月単位で定め、任期中支給することにするのがよい。

(2)　リクルーター手当の決め方

リクルーターの任務は、「出身校等の学生のうち能力・意欲に優れている者に対して、会社の業務の内容、新卒者採用計画および採用後の労働条件などを説明し、会社の採用試験の受験を働きかけること」である。

任務がリクルーターによって異なるということは、普通はあり得ない。また、リクルーターによって任務や役割を変えないほうがよい。

このため、リクルーター手当は、年齢や勤続年数や職種などにかかわりなく、全員同額とする。

(3)　実費の支給

リクルーターがその活動のために交通費、喫茶代、食事代等を支出したときは、リクルーター手当とは別に、その実費を支給する。

3　モデル支給基準

リクルーター手当支給基準

1　リクルーター手当の支給

新卒者の採用活動を効果的に行うためにリクルーターに任命した者に対して、リクルーター手当を支給する。

2 支給額

月額 3,000 円

3 支給期間

10月～翌年9月（1年）

4 支給日

給与支給日に支給する。

5 その他

交通費、食事代等を支出したときは、その実費を支払う。

以上

(様式1) リクルーター手当支給一覧

リクルーター手当支給一覧（○○年度）			
			人事部

氏名	所属	支給額	備考
1			
2			
3			
4			
5			
6			
7			
8			
9			
10			

以上

(参考) リクルーター規程

リクルーター規程

（総則）
第1条　この規程は、リクルーター制度について定める。
（目的）
第2条　会社は、能力・意欲に優れた新卒者を確実かつ効率的に採用する目的で、リクルーターを置く。
（リクルーターの任務）
第3条　リクルーターの任務は、出身校等の学生のうち能力・意欲に優れている者に対して次の事項を説明し、会社の採用試験の受験を働きかけることとする。
　（1）　業務の内容
　（2）　経営方針・経営理念
　（3）　新卒者採用計画（採用職種、採用予定人員、選考方法等）
　（4）　採用後の労働条件（初任給、賞与、勤務時間・休日・休暇等）
　（5）　その他
（リクルーターの任命基準）
第4条　会社は、大学卒業後4年以内の社員の中から、リクルーターを任命する。
（任期）
第5条　リクルーターの任期は、1年とする。
（リクルート活動）
第6条　リクルーターは、人事部長の包括的な指示に従い、担当職務に著しい影響を与えない範囲で、自由にリクルート活動をすることができる。
2　勤務時間中にリクルート活動をするために職務を離れるときは、あらかじめ所属課の課長に申し出て、その許可を得なければ

ならない。

（報告の義務）

第7条　リクルーターは、リクルート活動の状況を毎月1回人事部長に報告しなければならない。

（禁止事項）

第8条　リクルーターは、次に掲げることをしてはならない。
　（1）　大学の教育環境を乱すこと
　（2）　アプローチした学生に対して採用を確約すること
　（3）　採用後の労働条件を過大に説明すること

（実費支給）

第9条　会社は、リクルーターが次の費用を支出したときは、その実費を支給する。
　（1）　交通費
　（2）　食事代（社会的常識の範囲内とする）

（情報交換会）

第10条　会社は、リクルーターがリクルート活動に関する情報を相互に交換する機会を設ける。

2　リクルーターは、前項に定める情報交換会に参加し、自己のリクルート活動に役立てるようにしなければならない。

（付則）

この規程は、　　年　月　日から施行する。

(様式2) リクルーター任命書

```
                                    ○○年○○月○○日
○○部○○課
○○○○殿
                                        人事部長

            リクルーター任命書
○○年度卒業予定の学生を採用するためのリクルーターに任命する。
 (任期) ○○年○月○日～○○年○月○日
                                            以上
```

(様式3) リクルート活動報告書

```
                                    ○○年○○月○○日
人事部長殿
                                        ○○部○○課
                                        ○○○○印
            活動報告（○○年○月）
```

活動内容	① ② ③ ④ ⑤
備考	

以上

第6節　メンター手当

1　メンター手当支給の目的

　会社が中長期的に成長発展するためには、将来性に富んだ新卒者を定期的・計画的に採用し、その育成を図ることが必要不可欠である。このため、各社とも新卒者の採用に努めている。

　しかし、残念ながら、新卒者の定着率は必ずしも良好とはいい難い。採用後2、3年で辞める者が少なくない。退職の理由は、「組織に馴染めない」「仕事が自分には向いていない」などさまざまであるが、多額の費用と手間を掛けて採用した者がすぐに辞めるのは、会社にとって大きな損失である。

　会社は、採用した新卒者の定着に努める必要がある。その1つの工夫が「メンター制度」（シスター・ブラザー制度）である。

　これは、先輩社員（メンター）が新卒社員（メンティ）に対して、個別に、仕事の知識、仕事の進め方および職場の規律・ルール等を指導し、育成と定着を図る制度をいう。また、新卒社員が仕事や人間関係などで行き詰まったり、悩んだりしたときには、相談に乗ったり、解決策をアドバイスしたりする。きめ細かい定着促進策といえる。

　一般に、次の3つの基準を満たす者をメンターに任命することが、この制度を成功させる条件であるといわれる。

① 若いこと（例えば、30歳以下または勤続3〜5年程度の者）
② 業務に習熟していること
③ 人柄が良いこと

　メンターの任務を遂行するには、それ相応の努力と工夫が求めら

れる。そうした努力と工夫に報いるために、一定の手当を支給することが望ましい。

2　メンター手当の決め方・運用の仕方

(1)　メンター手当の支給単位

　メンターの活動期間は、一般的には、新卒者の採用日から6ヶ月から1年程度であろう。

　1、2ヶ月では、短すぎるであろう。短期間では、新卒者に仕事の内容や職場の規律とルールを十分に教えることは困難である。逆に、2、3年とするのは、長すぎるであろう。

　このため、メンター手当は、「1ヶ月当たりいくら」という形で、月単位で決めるのが現実的である。

(2)　メンター手当の支給期間

　メンター手当は、メンターの活動期間中毎月支給する。

　メンターの活動期間を「採用日から1年」としたときは、1年にわたって支給するものとする。

(3)　メンター手当の決め方

　メンターの任務は、新卒者に対して、「仕事の知識、仕事の進め方および職場の規律・ルール等を指導し、その育成と定着を図ること」である。

　メンターによって、任務が異なるということはない。また、求められる成果がメンターによって異なるということもない。このため、手当は、年齢や勤続年数や資格等級などにかかわりなく全員同額とする。

3　モデル支給基準

メンター手当支給基準

1　メンター手当の支給

　新卒者の育成と定着促進に当たるメンターに任命された者に対して、その任期中、メンター手当を支給する。

2　支給額

　月額 3,000 円

3　支給期間

　4月1日～翌年3月（1年）

4　支給日

　給与支給日に支給する。

以上

(様式1)　メンター手当支給一覧

メンター手当支給一覧（○○年度）

人事部

氏名	所属	支給額	備考
1			
2			
3			
4			
5			
6			
7			
8			
9			
10			

以上

(参考) メンター規程

メンター規程

(総則)
第1条　この規程は、メンター制度について定める。
(メンターの役割)
第2条　メンターの役割は、次のとおりとする。
　(1)　新卒社員の業務習得を支援すること
　(2)　新卒社員の職場適応を支援すること
　(3)　新卒社員の定着と自立を促進すること
(メンターの任用基準)
第3条　会社は、新卒社員を配属する職場の社員の中から、次の条件を満たす者をメンターに任命する。
　(1)　30歳以下または勤続3～8年程度
　(2)　業務に習熟していること
　(3)　人柄が良いこと
(メンターの責務)
第4条　メンターに任命された者は、自らの使命と責任を認識し、メンターとしての役割を誠実に果たさなければならない。
(任期)
第5条　メンターの任期は、4月1日から翌年3月31日までの1年とする。
(所属長・人事課長への報告)
第6条　メンターは、次の事項を所属長および人事課長に報告しなければならない。報告は、4～6月は2週間に1回、7月以降は毎月1回行わなければならない。
　(1)　教育・指導の内容
　(2)　新卒社員の業務の習得状況

（3）　新卒社員の職場への定着の状況
　（4）　その他必要事項
（メンター研修）
第7条　会社は、メンター制度の効果を高めるため、メンターに任命された者を対象として研修会を開催する。
2　研修会のプログラムは、次のとおりとする。
　（1）　メンター制度の目的
　（2）　メンターの役割
　（3）　メンターの心得
　（4）　メンタリングの進め方
　（5）　新卒社員との信頼関係の形成の仕方
　（6）　その他
3　メンターは、必ず研修を受けなければならない。
（付則）
この規程は、　年　月　日から施行する。

（様式2）メンター任命書

```
                                        ○○年4月1日
○○部○○課
○○○○殿
                                        人事部長
                    任命書
　メンターに任命する。新卒社員の育成と定着に誠実に取り組むよう期待する。
　（任期）○○年4月1日～○○年3月31日（1年間）
                                            以上
```

(様式3) メンタリング報告書

○○年○○月○○日

所属課長殿

人事課長殿

○○部○○課

○○○○印

メンタリング報告書(○月○日～○月○日)

	内容	備考
1　教育・指導の内容	① ② ③	
2　新卒社員の業務の習得状況	□順調に習得している □ほぼ順調に習得している □やや問題がある □問題がある	
3　新卒社員の職場への定着状況	□順調に定着している □ほぼ順調に定着している □やや問題がある □問題がある	
4　その他		

以上

第7節　携帯電話手当

1　携帯電話手当支給の目的
　携帯電話は、ビジネスを効率的に進めるうえで必要不可欠のツールである。
　携帯電話の使用については、
　・会社で購入し、社員に貸与する
　・個人の携帯電話を業務で使用させる
の2つがある。
　個人のものを業務で使用させるときは、その料金の一定割合を手当という形で支給するのがよい。
　携帯電話の個人使用について、「使用料は、営業手当の中から支払えばよい」「料金は、役付手当の中から支払えばよい」という意見がある。確かに、使用頻度が少なく、支払料金も少額であれば、そのような理屈も通用するであろう。しかし、使用頻度が比較的多く、支払料金が多額の場合には、そのような理屈は通用しない。

2　携帯電話手当の決め方・運用の仕方
(1)　携帯電話手当の支給対象者
　携帯電話手当の支給対象者については、
　・携帯電話を業務で使用する者全員とする
　・使用の必要性が高く、かつ、使用頻度の多い者に限定する
の2つがある。
　業務上の必要性や使用頻度は、職種や業務内容等によって相当の差があるのが実態であろう。このため、会社のほうで、

・業務上の必要性はどの程度か

・使用頻度はどのくらいか

などをチェックしたうえで、支給対象者を決めるのが合理的・現実的であろう。

（2） 携帯電話手当の決め方

手当は、「1ヶ月当たり○○円」という形で、1ヶ月を単位とし、定額で決めるのが便利である。

この場合、定額の決め方には、

・全員同額とする

・資格等級別に決める

・役職別に決める

などが考えられる。

一般的に見て、携帯電話の使用頻度が資格等級や職位によって大きく異なるとは考えにくい。このため、全員同額方式を採用するのが妥当であろう。

3　モデル支給基準

携帯電話手当支給基準

1　携帯電話手当の支給

業務で携帯電話を使用し、かつ、会社が必要と認めた者に対して携帯電話手当を支給する。

2　支給額（月額）

一律 4,000 円

3　支給日

給与支給日に支給する。

以上

第5章

勤務形態関連手当

第1節　交替勤務手当
第2節　時差勤務手当（シフト勤務手当）
第3節　出向手当
第4節　応援派遣手当
第5節　在宅勤務手当

第1節　交替勤務手当

1　交替勤務手当支給の目的
　製造業の24時間連続操業の職場では、3交替、2交替などの交替勤務制が広く採用されている。

　交替勤務の場合は、勤務時間帯が通常の日勤とは異なるため、生活にさまざまな不便が生じる。家族や地域社会とのコミュニケーションの機会も制約される。さらに、早朝や夜間・深夜に労働するため、身体的・精神的な疲労も大きい。

　このような事情に配慮し、交替勤務者に対して、一定の手当を支給している会社が多い。

2　交替勤務手当の決め方・運用の仕方
(1)　支給の是非と支給額の決定要因

　交替勤務手当を支給するかしないか、支給する場合にその金額をどの程度にするかは、

・交替勤務制の形態（3交替勤務、2交替勤務、その他）
・勤務する時間帯（早朝、昼、夜間、深夜）
・勤務時間数
・土曜、日曜に休日が取れるか
・休日が安定的・規則的に取れるか
・勤務に伴う身体的・精神的疲労の程度
・交替勤務によって蒙る生活上の不便さ

などに十分配慮して決定することが望ましい。

（2） 交替勤務手当の支給単位

交替勤務手当の支給単位には、

- ・月単位で算定・支給する
- ・回数を基準とする
- ・時間数を基準とする
- ・月、回数、時間数などを組み合わせて決める

などがある。

交替勤務手当を支給している会社の過半数は、回数または時間数方式を採用している。

（3） 支給額の算定方法

支給額の算定方法としては、他の諸手当と同様に、

- ・定額で算定する
- ・定率で算定する
- ・定額と定率を併用する

の3つがある。

交替勤務手当を支給している会社の過半数は、定額制を採用している。

表　交替勤務手当の決め方（3交替勤務の場合）

1ヶ月定額制	（例1）～一律方式～ 1ヶ月当たり一律　20,000円
	（例2）～勤続年数別方式～ 勤続3年未満　　　　18,000円 勤続3～6年未満　　21,000円 勤続6～10年未満　　24,000円 勤続10年以上　　　　27,000円
	（例3）～資格等級別方式～ 技能1級　　　15,000円 技能2級　　　17,000円 技能3級　　　19,000円 技能4級　　　21,000円

1ヶ月定率制	基本給×7％
回数基準方式	（例1）〜勤務時間帯方式〜 資格等級等にかかわらず、勤務1回当たり次の金額。 第1直　　300円 第2直　　800円 第3直　1,300円
	（例2）〜勤務時間帯・資格等級別方式〜 勤務1回当たり、次の金額。 ・第1直 技能1級　　100円 技能2級　　200円 技能3級　　300円 技能4級　　400円 ・第2直 技能1級　　600円 技能2級　　800円 技能3級　1,000円 技能4級　1,200円 ・第3直 技能1級　1,200円 技能2級　1,500円 技能3級　1,800円 技能4級　2,100円
時間数方式	勤務1時間当たり、次の金額。 ・第1直 技能1級　　20円 技能2級　　30円 技能3級　　40円 技能4級　　50円 ・第2直 技能1級　120円 技能2級　150円 技能3級　180円 技能4級　210円 ・第3直 技能1級　200円 技能2級　240円 技能3級　270円 技能4級　300円

(4) 深夜手当の取り扱い

交替勤務の場合には、勤務が深夜に及ぶことがある。

労働基準法は、周知のように、深夜労働に対して深夜勤務手当を支払うべきことを規定している。深夜勤務手当の取り扱いについては、

・交替勤務手当の中に、深夜勤務手当を含める

・交替勤務手当とは別に深夜勤務手当を支払う

の2つがある。

交替勤務手当の中に深夜勤務手当を含めるときは、就業規則（賃金規程）において、その旨明記する。

現在交替勤務手当を支給している会社について、その取り扱いを見ると、「交替勤務手当とは別に深夜勤務手当を支払う」というところが多い。

3　モデル支給基準

交替勤務手当支給基準

1　交替勤務手当の支給

交替勤務に従事する者に、交替勤務手当を支給する。

2　支給額

交替勤務1回当たり、次の金額とする。

	第1直	第2直	第3直
技能1級	100円	600円	1,200円
技能2級	200円	800円	1,500円
技能3級	300円	1,000円	1,800円
技能4級	400円	1,200円	2,100円

3　支給日

給与支給日に支給する。

4　深夜勤務手当の取り扱い

　交替勤務が深夜にわたるときは、別に深夜勤務手当を支給する。

5　支給の確定

　交替勤務手当の支給対象者と支給額は、工場長から人事部長に提出される「交替勤務報告」によって確定する。

以上

(様式) 交替勤務報告

○○年○○月○○日

人事部長殿

○○工場長

交替勤務報告（　年　月）

氏名	第1直の回数	第2直の回数	第3直の回数	備考
1				
2				
3				
4				
5				
6				
7				
8				
9				
10				

以上

第2節　時差勤務手当(シフト勤務手当)

1　時差勤務手当支給の目的

　小売業やサービス業など、不特定多数の消費者を対象として営業している会社では、営業時間を拡大することが売上の増大、消費者サービスの向上、店舗スペースの有効活用につながる。このため、早出・遅出などの時差（シフト）勤務制を導入し、営業時間の拡大を図っているところが多い。

　このほか、放送、新聞、運輸、通信などの業界でも、時差勤務制を実施しているところが多い。

　時差勤務制の場合は、いわゆる日勤や標準勤務に比較して、勤務時間が早朝や夜間に及び、日常生活に不便が生じる。体調管理にも注意を払わなければならない。このため、その勤務の実態に即して、一定の手当（時差勤務手当）を支給することが望ましい。

2　時差勤務手当の決め方・運用の仕方

(1)　時差勤務手当の決定区分

　時差勤務の形態には、

- 早出勤務、遅出勤務の2つの形態とする
- 8～17時勤務、9～18時勤務、10～19時勤務、11～20時勤務、12～21時勤務など、3つ以上のシフトで勤務させる

など、会社によって異なる。

　手当は、勤務の形態によって決めるのが合理的である。

　例えば、早出勤務、遅出勤務という2つのシフト制を採用しているときは、早出勤務、遅出勤務の別に手当を定める。

（2） 時差勤務手当の算定単位

　手当の算定単位には、
　・月単位で算定する
　・１勤務当たりで算定する
　・時間当たりで算定する
　・月、勤務回数、時間数などを組み合わせて決める
などがある。

　１ヶ月の時差勤務日数または時差勤務回数が人によってそれほど差異がない場合には、月単位で算定するのが便利である。

　これに対して、１ヶ月の時差勤務日数または時差勤務回数が人によってかなり差異がある場合には、１勤務当たりまたは時間当たりで算定するのが公平である。

（3） 時差勤務手当の算定方法

　手当の算定方法としては、他の諸手当と同様に、
　・定額で算定する
　・定率で算定する
の２つがある。

　定額方式を採用する場合、その決め方には、
　・全員同額とする
　・役職別に定める
　・資格等級別に定める
　・勤続年数別に定める
などがある。

（4） 時差勤務手当の決定要因

　時差勤務手当の支給金額は、次の事項を総合的に勘案して決定すべきである。
　・勤務時間が早朝、または深夜に及ぶか
　・勤務時間が早朝、または深夜に及ぶときは、その時間数

・勤務に伴う身体的・精神的疲労の程度
・交替勤務によって蒙る生活上の不便さ

表　時差勤務手当の決め方

月当たり定額制	（例1）～一律方式～ 全員一律に 8,000 円
	（例2）～資格等級別方式～ 資格等級に応じて、次の金額。 社員1級　　7,000 円 社員2級　　8,000 円 社員3級　　9,000 円 社員4級　 10,000 円
月当たり定率制	基本給×0.5
1勤務当たり定額制	（例1）～勤務時間帯方式～ 1勤務当たり、次の金額を支給。 早番　　　　200 円 遅番　　　 1,000 円
	（例2）～勤務時間帯・資格等級別方式～ 1勤務当たり、次の金額を支給。 ・早出勤務者 　社員1級　　100 円 　社員2級　　200 円 　社員3級　　300 円 　社員4級　　400 円 ・遅出勤務者 　社員1級　　800 円 　社員2級　 1,000 円 　社員3級　 1,200 円 　社員4級　 1,500 円
時間当たり定額制	標準勤務時間（9時20分～18時30分）からずれる時間の1時間につき、500円

3　モデル支給基準

時差勤務手当支給基準

1　時差勤務手当の支給
　早番および遅番勤務の者に対して、時差勤務手当を支給する。
2　支給額
　1勤務当たり、次の金額を支給する。
　（1）　早出勤務者
　社員1級　　100円
　社員2級　　200円
　社員3級　　300円
　社員4級　　400円
　（2）　遅出勤務者
　社員1級　　400円
　社員2級　　600円
　社員3級　　800円
　社員4級　　1,000円
3　支給日
　給与支給日に支給する。
4　支給の確定
　時差勤務手当の支給対象者と支給額は、各課の課長から人事課長に提出される「時差勤務報告」によって確定する。

以上

(様式)時差勤務報告

○○年○○月○○日

人事課長殿

○○課長

時差勤務報告(　年　月)

氏名	早出勤務の回数	遅出勤務の回数	備考
1			
2			
3			
4			
5			
6			
7			
8			
9			
10			

以上

第3節　出向手当

1　出向手当支給の目的

　出向は、社員としての身分を残したまま、一定期間子会社・関連会社等へ派遣し、その子会社・関連会社の指揮命令に従って勤務させるというものである。

　出向により、
　・経営の多角化を効率的に推進できる
　・子会社・関連会社の経営指導、技術指導ができる
　・人的交流により、グループの一体化を図れる
　・人材を育成できる
　・親会社のポスト不足に対応できる
などの効果が期待できる。このため、多くの会社で採用されている。

　出向社員は、親会社とは異なる職場環境と人間関係の中で勤務する。このため、精神的に緊張する。また、比較的長期にわたって親会社を離れることになるため、不安や焦りを感じる。

　出向手当は、このような事情に配慮して支給されるものである。

2　出向手当の決め方・運用の仕方

（1）　出向手当の決め方

　出向手当の決め方には、
　・「1ヶ月当たり○○円」という形で定額で決める
　・「基本給または基準内給与の○○％」という形で定率で決める
の2つがある。

　定額で決める場合には、

- 一律に決める
- 資格等級別に決める
- 役職別に決める
- 出向先での役職に応じて決める
- 出向期間に応じて決める
- 出向先の種類に応じて決める

などの決め方がある。

表　出向手当の決め方（定額制の場合）（月額）

一律方式	1ヶ月当たり 10,000 円
資格等級別方式	社員4級　7,000 円 社員5級　10,000 円 社員6級　15,000 円 社員7級　20,000 円 社員8級　25,000 円 社員9級　30,000 円 （注）社員1級～社員3級に対しては、出向は命令しない。
出向元の役職別方式	役職に応じて、次の金額。 社員　5,000 円 係長　10,000 円 課長　15,000 円 部長　20,000 円
出向先の役職別方式	出向先での役職に応じて、次の金額。 社員　5,000 円 係長　10,000 円 課長　15,000 円 部長　20,000 円 役員　25,000 円
出向期間別方式	・出向期間2年以下　10,000 円 ・2年を超えるとき　15,000 円
出向先の種類別方式	・会社が100％出資している会社への出向　8,000 円 ・出資比率が99～50％の会社への出向　12,000 円 ・出資比率50％未満の会社への出向　16,000 円

（2） 勤務時間差の補償

　出向先は、一般に、親会社よりも規模が小さい。経営基盤も、それほど強固ではない。このため、出向に伴って所定勤務時間が長くなることがある。

　例えば、親会社は1ヶ月の所定勤務時間が150時間であるのに対し、出向先の子会社は170時間であるというケースである。

　出向に伴う時間差に対して何の補償も講じないというのは好ましくない。補償措置を講じないと、出向人事を円滑に進めることが困難になる可能性もある。

　出向に伴って所定勤務時間が長くなるときは、その時間数に対応する時間外手当を「出向手当」という名目で補償することも考えられる。

　例えば、出向に伴って1ヶ月の所定勤務時間が20時間程度長くなるときは、20時間分の時間外手当を出向手当として支給する。

3　モデル支給基準

出向手当支給基準

1　出向手当の支給
　子会社・関連会社等に出向する者に対して、出向手当を支給する。
2　支給額（月額）
　出向時の役職に応じて、次の金額。
　（1）　社員　5,000円
　（2）　係長　10,000円
　（3）　課長　15,000円
　（4）　部長　20,000円
3　支給の開始・変更・停止
　（1）　出向した月から支給を開始する。

（2） 職位が変更になったときは、その翌月から変更後の職位に対応する金額を支給する。
（3） 出向を解かれたときは、その翌月から支給を停止する。
（4） 給与計算期間の途中で出向を命令されたとき、または出向命令を解かれたときは、日割計算により支給する。

4　手当の減額・不支給

次の場合には、出向手当を減額し、または支給を停止する。
（1） 出向先での勤務成績または業務成績が不良のとき
（2） 出向先において懲戒処分を受けたとき
（3） 会社または出向先の信用・名誉を傷つける行為のあったとき

以上

（様式）　出向手当支給通知

○○年○○月○○日
○○部○○課
○○○○殿
　　　　　　　　　　　　　　　　　　　　　　　　○○株式会社

出向手当の支給について（通知）

1　出向手当
　　1ヶ月当たり○○円
2　支給期間
　　○○年○月から出向終了月まで
3　支給日
　　毎月25日

以上

第4節　応援派遣手当

1　応援派遣手当支給の目的

　会社は、取引先に対して、その業務を支援する目的で、一定期間社員を派遣することがある。

　例えば、メーカーの場合、製品の納入先である小売店が春や年末などに特別セールを実施するときに、その期間、応援のために社員を派遣する。また、部品メーカーは、納入先の製品メーカーが製品展示会を開催するときは、その期間、社員を派遣して展示会の業務を手伝わせる。

　あるいは、製品メーカーは、サプライチェーンの部品メーカーが地震や台風で被災したときに、その復旧作業を手伝うために、社員を派遣する。

　社員を応援目的で派遣することにより、取引上の緊密な関係を構築・維持することができる。

　派遣される社員は、派遣先で、通常とは異なる環境の下で、通常とは異なる業務に従事することになる。このため、身体的にも精神的にも疲労する。そのような疲労を補償するために、手当を支給する。

2　応援派遣手当の決め方・運用の仕方
（1）　応援派遣手当の支給単位

　応援派遣の期間は、一般的に、数日か、数週間程度であろう。数ヶ月に及ぶというケースは稀であろう。

　このため、応援派遣手当は、「1日○○円」という形で、1日を単位として決めるのが適切である。

（2） 応援派遣手当の決め方

応援派遣手当を定額で決める場合、その決め方には、
- 全員同額とする
- 資格等級別に定める
- 役職別に定める

などがある。

表　応援派遣手当の決め方（日額）

全社員同額	1日につき 1,000円
資格等級別方式	社員1級　　800円 社員2級　1,000円 社員3級　1,200円 社員4級　1,400円 社員5級　1,600円 社員6級　1,800円 社員7級　2,000円
役職別方式	社員　　　1,000円 係長　　　1,500円 課長補佐　2,000円 課長　　　2,500円
距離別方式	応援先の距離に応じて、次の金額。 ・日帰りで行ける場合　　1,000円 ・宿泊を必要とする場合　1,500円

（3） 交通費の取り扱い

自宅から応援先までの交通費は、実費を支給する。

3　モデル支給基準

応援派遣手当支給基準

1　応援派遣手当の支給

会社の命令により取引先の業務を支援するために派遣される者に

対し、応援派遣手当を支給する。
2　支給額（1日当たり）
　役職位に応じて、次の金額を支給する。
　（1）　社員　1,000円
　（2）　係長　1,500円
　（3）　課長補佐　2,000円
　（4）　課長　2,500円
3　支給日
　給与支給日に支給する。
4　支給の確定
　手当の支給対象者と支給額は、各課の課長から人事課長に提出される「応援派遣報告」によって確定する。
5　交通費の取り扱い
　自宅から応援先までの交通費は、実費を支給する。

以上

（様式）　応援派遣報告

```
                                          ○○年○○月○○日
  人事課長殿
                                               ○○課長
                     応援派遣報告
```

氏名	派遣先	派遣目的	派遣期間・日数	備考
1				
2				
3				
4				
5				

以上

第5節　在宅勤務手当

1　在宅勤務手当支給の目的

　会社の仕事の中には、自宅でもできるものがある。例えば、情報システムの企画・設計、データの入力、統計データの処理・分析、各種報告書の作成などである。

　知的業務の拡大および経済のソフト化・サービス化という流れに加え、パソコン・通信機器の機能向上により、在宅でできる仕事が増えている。

　在宅勤務は、

　・会社への往復に要する時間を節減できる

　・混雑した交通機関を利用しないで済むので、疲労しない

などのメリットがある。

　しかし、単独で仕事をするため、相当の神経を集中させなければならない。また、誰にも時間を制約されないから、つい長時間労働になりがちである。

　在宅勤務については、労働基準法の規定を適用して「みなし労働時間制」を適用するとともに、「単独で仕事をする」という事情に配慮し、一定の手当を支給するのがよい。

2　在宅勤務手当の決め方・運用の仕方

(1) 在宅勤務の手続き

　在宅勤務については、大きく、

　・社員は誰でも会社に届け出ることにより、在宅勤務ができる

　・資格等級、職種などにおいて一定の基準を設け、その基準を満

たせば自由に在宅勤務ができる
・会社の許可制とする

の３つの取り扱いが考えられる。

　当然のことではあるが、在宅勤務を自由に認めると、職場の人事管理が難しくなる。また、一定の時間管理能力がないと、在宅勤務は成功しない。

　このため、在宅勤務については、許可制とするのが適切であろう。希望する者について、業務の内容、在宅勤務の必要性および本人の時間管理能力などを審査して許可するかしないかを決定する。

（２）　在宅勤務手当の支給単位

　在宅勤務手当の支給単位については、

・１ヶ月単位で支給する
・１日単位で支給する

の２つがある。

　一般に、在宅勤務は、数日から数週間の期間で行われるであろう。期間が数ヶ月に及ぶことは、一般の正社員については考えられない。したがって、「１日につきいくら」という形で、１日単位で支給するのが現実的である。

（３）　在宅勤務手当の決め方

　在宅勤務手当の決め方には、

・一律とする
・役職別に決める
・資格等級別に決める

などがある。

　在宅勤務は、出張と同じように社外で勤務するものである。このため、出張の日当と同じ基準で取り扱うのが合理的である。

　すなわち、出張日当を役職別に決めている場合には、在宅勤務手当も役職別に決めるべきである。これに対して、出張日当を資格等

級別に決めている場合には、在宅勤務手当も資格等級別に決めるのが合理的・整合的である。

表　在宅勤務手当の決め方（日額）

一律方式	1,000円
役職別方式	社員　　　　800円 係長　　　1,000円 課長補佐　1,200円 課長　　　1,500円
資格等級別方式	総合職1級　　800円 総合職2級　1,000円 総合職3級　1,200円 総合職4級　1,500円 総合職5級　2,000円 総合職6級　2,500円

3　モデル支給基準

在宅勤務手当支給基準

1　在宅勤務手当の支給

　会社の許可を受け、自宅において所定の業務を遂行する者に対して、在宅勤務手当を支給する。

2　支給額（日額）

　（1）　総合職1級　800円

　（2）　総合職2級　1,000円

　（3）　総合職3級　1,200円

　（4）　総合職4級　1,500円

　（5）　総合職5級　2,000円

　（6）　総合職6級　2,500円

3　支給の確定

　支給額は、本人から所属課長を経由して提出される「在宅勤務報

告」によって確定する。
 4 支給日
　給与支給日に支給する。

　　　　　　　　　　　　　　　　　　　　　　　　　　　　以上

(様式1)　在宅勤務報告

　　　　　　　　　　　　　　　　　　　　　　　　○○年○○月○○日
　○○株式会社殿

　　　　　　　　　　　　　　　　　　　　　　　　　　　○○部○○課
　　　　　　　　　　　　　　　　　　　　　　　　　　　○○○○印

　　　　　　　　　　　　在宅勤務報告

1 業務の内容	
2 開始日・終了日	月　日(　)～　月　日(　)(　日間)
3 その他	

　　　　　　　　　　　　　　　　　　　　　　　　　　　　　　以上

(参考) 在宅勤務規程

在宅勤務規程

（総則）
第1条　この規程は、在宅勤務について定める。
（目的）
第2条　在宅勤務の目的は、次のとおりとする。
　（1）　時間を有効に活用して業務の効率化を図ること
　（2）　仕事と家庭生活とのバランスを図ること
　（3）　生活のゆとりを高めること
　（4）　勤労意欲の向上を図ること
（資格者の範囲）
第3条　次に掲げる者は、会社に対し、在宅勤務を申請することができる。
　（1）　勤続2年以上
　（2）　特定の業務を短期間に集中的に取りまとめることが求められている者
　（3）　時間管理能力があること
（許可の申請）
第4条　在宅勤務を希望する者は、次の事項を記載した申請書を会社に提出し、許可を得なければならない。
　（1）　業務の内容
　（2）　在宅勤務の必要性
　（3）　開始日、終了日
　（4）　その他必要事項
2　申請は、在宅勤務開始日の1週間前までに行わなければならない。

（許可の基準）

第5条　会社は、在宅勤務の申請があったときは、その必要性および本人の時間管理能力等を審査し、許可を決定する。

（期間）

第6条　在宅勤務の期間は、原則として1回当たり連続1ヶ月を上限とし、本人が申請した期間とする。

（作業環境基準）

第7条　在宅勤務をする者は、自宅において次に掲げる作業環境を確保するように努めなければならない。

（1）　仕切られた作業スペース
（2）　作業に集中できる静かな場所
（3）　身体に合った机、椅子
（4）　適切な照明、空調設備
（5）　会社といつでも通信できる機器（電話、携帯電話、パソコン等）

（休日）

第8条　在宅勤務期間中の休日は、就業規則の定めるところによる。

（勤務時間の算定）

第9条　在宅勤務をした日は、所定勤務時間勤務したものとみなす。

（年次有給休暇等の届出）

第10条　在宅勤務者は、次により在宅勤務をしないときは、あらかじめ会社に届け出なければならない。

（1）　年次有給休暇を取得するとき
（2）　年次有給休暇以外の休暇を取得するとき
（3）　個人的な都合で仕事をしないとき

（業務報告）

第11条　在宅勤務者は、業務の進捗状況をEメール、電話その他により、適宜会社に報告しなければならない。

(出社命令)

第12条　会社は、業務上必要であると認めるときは、在宅勤務者に対し、出社を命令することがある。

(復帰)

第13条　在宅勤務者は、次のいずれかに該当するときは、在宅勤務を打ち切り、通常の勤務に復帰しなければならない。

（1）　予定終了日の前に予定業務を完了させたとき
（2）　予定終了日になったとき
（3）　会社から通常の勤務への復帰を命令されたとき

(付則)

この規程は、　　年　月　日から施行する。

(様式2)　在宅勤務申請書

```
                                        ○○年○○月○○日
○○株式会社殿
                                              ○○部○○課
                                              ○○○○印

                     在宅勤務申請書
```

1 業務の内容	
2 在宅勤務の必要性	
3 開始日・終了日	月　日（　）～　月　日（　）
4 その他	

以上

第6章

業績手当

第1節 業績手当（全社型）
第2節 業績手当（店舗型）
第3節 業績手当（個人型）

第1節　業績手当（全社型）

1　業績手当（全社型）支給の目的

　会社は、一定の業績を上げなければ存続していけない。しかし、どの業界でも競争がきわめて激しく、かつ、取引先や消費者の要求が厳しいから、業績を上げることは容易ではない。

　業績を上げる条件は、基本的には、取引先や消費者に喜ばれる商品・サービスを提供することであるが、それ以上に重要なことがある。それは、業績に対する社員の関心を高めることである。

　社員全員が業績に対して強い関心を持ち、それぞれの職場において日々の業務に精励することにより、会社全体の業績の向上が図られる。このため、業績に対する社員の関心を高める対策を講じることが望ましい。

　業績手当は、業績が良好であったときに、その褒賞として、社員に対して一定金額の手当を支給するというものである。業績に対する社員の関心を高めるという効果が期待できる。

2　業績手当（全社型）の決め方・運用の仕方
(1)　業績指標の決定

　業績手当制度を実施するときは、まずはじめに、「業績の指標として、何を採用するか」を明確にする必要がある。

　業績指標としては、一般に、売上高、生産高、出荷額、利益額（粗利益、経常利益、営業利益、純利益等）などが考えられる。

　会社にとって必要なことは、「利益の確保」である。売上高や生産量・出荷額が多いことも重要ではあるが、「売上が多くても利益

が出ない」「生産・出荷量が増えても、利益が増えない」ということもしばしば生じる。

一般的に、粗利益または営業利益を業績指標とするのが適切であろう。

（２）業績の算定期間

業績の算定期間を明確にすることも、重要である。

算定期間としては、１ヶ月、３ヶ月、６ヶ月、１年などが考えられる。

算定期間を６ヶ月あるいは１年とすると、手当としての色彩が薄くなり、賞与としての性格が強くなる。このため、算定期間は１ヶ月あるいは３ヶ月とするのが妥当であろう。

（３）業績目標の設定

業績指標とその算定期間を決定したときは、その指標について、目標値を具体的に決める。

例えば、業績指標として粗利益を選択し、その算定期間を１ヶ月としたときは、会社の１ヶ月の粗利益目標を「〇〇〇万円」という形で、具体的に決める。

目標値は、
・一般的な経済動向
・他社との競争関係
・前年同期の実績
・当年度の経営計画

などを総合的に勘案して決定する。

（４）業績手当の決め方

目標を達成したときは、その褒賞として業績手当を支給する。

業績手当の決め方には、
・全員に同額を支給する
・役職別に決める

・資格等級別に決める

・勤続年数別に決める

・目標達成率に応じて決める

などがある。

（5） 業績手当の支給期間

　手当は、目標を達成した後、1ヶ月だけ支給する。

　例えば、業績指標として粗利益を選択し、その算定期間を1ヶ月としたときは、その1ヶ月が経過した後の月またはその翌々月に支給する。4月の場合であれば、5月あるいは6月の1回限り支給する。

　また、業績指標として営業利益を選択し、その算定期間を3ヶ月としたときは、その3ヶ月が経過した後の月またはその翌々月に支給する。算定期間が4～6月の場合であれば、直後の7月あるいは8月の1回限り支給する。

（6） 管理職の取り扱い

　管理職に対して、業績手当を支給するかしないかを定める。一般的に、課長以上の者は、役員と一体となって業績を向上させる義務と責任を負っている。そして、そのような義務と責任に配慮して、役付手当が支給されている。このため、業績手当は支給しなくても差し支えないであろう。

表　業績手当の決め方（月額）

全員同額方式	全社員に一律5,000円を支給する。
役職別方式	役職に応じて、次の金額。 課長　　　15,000円 課長補佐　12,000円 係長　　　 8,000円 社員　　　 5,000円
資格等級別方式	資格等級に応じて、次の金額。 社員1級　 6,000円 社員2級　 8,000円 社員3級　10,000円 社員4級　12,000円 社員5級　15,000円 社員6級　18,000円 社員7級　21,000円
勤続年数別方式	勤続年数に応じて、次の金額。 勤続1年未満　　　 5,000円 勤続1〜3年未満　　7,000円 勤続3〜5年未満　 10,000円 勤続5年以上　　　14,000円
目標達成率別方式	目標達成率に応じて、次の金額。 100〜110％未満　 5,000円 110〜120％未満　10,000円 120〜130％未満　15,000円 130％以上〜　　 20,000円

3　モデル支給基準

業績手当支給基準

1　業績手当の支給

　営業利益の実績が月別に定める目標額を上回ったときは、その褒賞として業績手当を支給する。

2　支給対象者

　社員全員。ただし、課長以上の役職者には支給しない。

3　支給額

役職に応じて、次の金額。

（1）　課長補佐　12,000 円

（2）　係長　8,000 円

（3）　社員　5,000 円

4　支給日

営業利益が目標額を上回った月の翌月の給与支給日に支給する。

以上

（様式）　業績手当支給の社内通知

○○年○○月○○日

社員各位

○○株式会社

業績手当の支給について（お知らせ）

　下記のとおり、○○年○月の営業利益が目標額を上回ったため、業績手当を支給いたします。

1　営業利益の実績　　○○○万円

2　営業利益の目標額　○○○万円

3　業績手当

　役職に応じて、次の金額。

　課長補佐　12,000 円

　係長　8,000 円

　社員　5,000 円

4　支給日

　今月の給与支給日に支給します。

以上

第2節　業績手当（店舗型）

1　業績手当（店舗型）支給の目的

規模がある程度大きな会社は、複数の店舗・支店・営業所を構えている。全国的に店舗網を展開している会社もあれば、関東とか関西というように地域を限定して展開しているところもある。

会社の立場からすると、すべての店舗・支店・営業所が良い業績を上げることが理想である。しかし、現実的には、そうはいかない。業績の良い店舗・支店・営業所もあれば、残念ながら業績が振るわなかったところも出る。

複数の店舗・支店・営業所を有する会社は、店舗・支店・営業所の活性化に工夫を払うことが望ましい。その1つの工夫が「業績手当（店舗型）の支給」である。これは、業績の良かった店舗・支店・営業所に勤務する社員に対して、その褒賞として、給与・賞与とは別に一定の手当を支給するというものである。

これにより、好業績を収めた店舗・支店・営業所の社員の努力に報いるとともに、業績が良好でなかった部門の奮起を期待する。

2　業績手当（店舗型）の決め方・運用の仕方

(1)　業績指標の決定

業績手当（店舗型）を支給するときは、まずはじめに、「部門業績の指標として、何を採用するか」を明確にする必要がある。

業績指標としては、一般に、売上高、生産高、出荷額、利益額（粗利益、経常利益、営業利益、純利益等）などが考えられる。

業種や業態などに応じて、業績指標を決定するべきである。現場

で働く社員が実感できる指標を採用することが望ましい。
（2）　業績の算定期間
　業績の算定期間を明確にすることも、重要である。
　算定期間としては、1ヶ月、3ヶ月、6ヶ月、1年などが考えられる。
（3）　業績目標の設定
　業績指標とその算定期間を決定したときは、その指標について、部門ごとの目標値を具体的に決める。
　例えば、業績指標として売上高を選択し、その算定期間を1ヶ月としたときは、各店舗について、1ヶ月の売上目標を具体的に決める。
　目標値は、
　　・一般的な経済動向
　　・店舗の立地条件
　　・店舗の社員数
　　・前年同期の実績
　　・当年度の経営計画
などを総合的に勘案して決定する。
（4）　業績手当の決め方
　目標を達成した店舗・支店または営業所に属する社員に対して、その褒賞として業績手当を支給する。
　手当の決め方には、
　　・全員に同額を支給する
　　・役職別に決める
　　・資格等級別に決める
　　・勤続年数別に決める
などがある。
　どのような業績指標を選択するにしても、その目標を100％達成することは容易ではない。店長以下の役職者が部下を適切に指揮命

令し、かつ、地域の実情に応じた営業戦略を講じなければ目標を達成することはできない。

このように考えると、業績手当は、役職別に決めるのが合理的・現実的であろう。

(5) 業績手当の支給期間

業績手当は、目標を達成した後、1ヶ月だけ支給する。

例えば、業績指標として売上高を選択し、その算定期間を1ヶ月としたときは、その1ヶ月が経過した後の月またはその翌々月に支給する。目標を達成した月が4月の場合であれば、5月あるいは6月の1回限り支給する。

また、業績指標として粗利益を選択し、その算定期間を3ヶ月としたときは、その3ヶ月が経過した後の月またはその翌々月に支給する。算定期間が10～12月の場合であれば、直後の1月あるいは2月の1回限り支給する。

表　業績手当の決め方（月額）

全員同額方式	目標を達成した店舗の社員に対し、5,000円を支給する。
役職別方式	役職に応じて、次の金額。 店長　　　　　　　15,000円 店長以外の役職者　10,000円 社員　　　　　　　 5,000円
資格等級別方式	資格等級に応じて、次の金額。 社員1級　　6,000円 社員2級　　8,000円 社員3級　 10,000円 社員4級　 12,000円 社員5級　 15,000円
勤続年数別方式	勤続年数に応じて、次の金額。 勤続1年未満　　　 5,000円 勤続1～3年未満　 7,000円 勤続3～5年未満　10,000円 勤続5年以上　　　14,000円

（注）　目標達成率に応じて、金額に差を付ける方式もある。

3　モデル支給基準

業績手当支給基準

1　業績手当の支給

　1ヶ月（1～末日）の売上高が目標値を超えた店舗の社員に対して、業績手当を支給する。ただし、次の者には支給しない。

　（1）　欠勤日数が2日以上であった者

　（2）　遅刻・早退が併せて5回以上に及んだ者

　（3）　勤務日数が10日以下であった者

2　支給額

役職に応じて、次の金額。

　（1）　店長　15,000円

　（2）　店長以外の役職者　10,000円

　（3）　社員　5,000円

3　支給日

目標を達成した月の翌月の給与支給日に支給する。

以上

(様式)　業績手当支給の社内通知

　　　　　　　　　　　　　　　　　　　　　　　　　　○○年○○月○○日
○○店長○○○○殿
　　　　　　　　　　　　　　　　　　　　　　　　　　　　○○株式会社

　　　　　　　　　業績手当の支給について（○○年○月分）

1　当月の貴店の売上高　○○○万円

2　当月の貴店の売上目標　○○○万円

3　目標達成率　○○○％

4　業績手当

　役職に応じて、次の金額。

　（1）　店長　15,000円

　（2）　店長以外の役職者　10,000円

　（3）　社員　5,000円

5　支給日

　○○年○月の給与支給日に支給します。

　　　　　　　　　　　　　　　　　　　　　　　　　　　　　　　以上

第3節　業績手当（個人型）

1　業績手当（個人型）支給の目的
　会社の業務の中には、個人の成績を比較的はっきり把握できるものがある。営業や販売は、その典型例である。誰がどの程度の営業成績を上げたかを把握できる。
　そのように個人の成績を把握できるものについては、その担当社員の勤労意欲の向上に工夫を払うことが望ましい。そうした工夫の1つが「業績手当（個人型）」である。これは、業績が良好であった者に対して、その褒賞として、給与や賞与とは別に、特別の手当を支給するというものである。

2　業績手当（個人型）の決め方・運用の仕方
（1）　業績手当の支給対象者
　業績手当（個人型）は、業績が良好であった者に対して、その褒賞として、特別の手当を支給するというものである。したがって、「個人の業績をはっきりと把握できるかどうか」という観点から、支給対象者を決める。
　一般事務や、流れ作業形式で仕事をする職場では、職場全体の成績（効率性・生産性）は把握できても、個人の成績を把握することは困難である。
　これに対して、営業部門や販売部門では、一定の地域または商品等を決め、個人単位で行動させるケースが多い。このため、成績を個人別に把握できる。営業部門・販売部門は、業績手当制度に馴染んでいるといえる。

（2） 業績指標の決定

　次に、「何を基準として個人の成績（業績）を評価するか」を明確にする。

　営業社員の場合は、売上高・受注額、売上台数・受注件数、粗利益、販売代金回収額などを業績の指標とすることが考えられる。

（3） 業績の算定期間

　業績の算定期間を明確にすることも、重要である。

　算定期間としては、1ヶ月、3ヶ月、6ヶ月、1年などが考えられる。算定期間をどの程度とするかは、取り扱う商品の性格や、アプローチから成約に至るまでの平均期間などを勘案して決めるべきであるが、

　　・給与の形態として月給制が広く採用されていること
　　・算定期間が長くなると、手当としての性格が薄れ、賞与としての性格が濃くなること

などを考えると、1ヶ月単位とするのが妥当であろう。

（4） 業績手当の決め方

　手当の決め方には、

　　・定額で決める
　　・定率で決める

の2つがある。

表　業績手当の決め方（売上高を基準とする場合）（月額）

定額方式	（例1）～売上高に応じて、次の金額～ 200万円以上～400万円未満　　5,000円 400万円以上～600万円未満　　10,000円 600万円以上～800万円未満　　15,000円 800万円以上～1,000万円未満　20,000円 1,000万円以上～　　　　　　　25,000円
	（例2）～個人別に定めた売上目標の達成率に応じて、次の金額～ 100％以上～120％未満　　10,000円 120％以上～140％未満　　15,000円 140％以上～160％未満　　20,000円 160％以上～　　　　　　25,000円
定率方式	（例1）～売上高に応じて、次の金額～ 200万円以上～400万円未満　　売上高の0.8％ 400万円以上～600万円未満　　売上高の1％ 600万円以上～800万円未満　　売上高の1.5％ 800万円以上～1,000万円未満　売上高の2％ 1,000万円以上～　　　　　　　売上高の2.5％
	（例2）～個人別に定めた売上目標の達成率に応じて、次の金額～ 100％以上～120％未満　売上高の1％ 120％以上～140％未満　売上高の1.5％ 140％以上～160％未満　売上高の2％ 160％以上～　　　　　　売上高の2.5％

3　モデル支給基準

業績手当支給基準

1　業績手当の支給

　営業社員に対して、1ヶ月の売上高に応じて業績手当を支給する。

2　支給額（月額）

　（1）　売上高200万円以上～400万円未満　5,000円

　（2）　売上高400万円以上～600万円未満　10,000円

　（3）　売上高600万円以上～800万円未満　15,000円

　（4）　売上高800万円以上～1,000万円未満　20,000円

（5）　売上高 1,000 万円以上～　 25,000 円
3　支給日
　給与支給日に支給する。
4　業績手当の減額・支給停止
　営業社員に次のいずれかの行為があったときは、業績手当を減額し、または支給を停止することがある。
　（1）　会社が定めた販売条件を守らないで販売したとき
　（2）　セールスキャンペーン、販促イベントに協力的でなかったとき
　（3）　営業活動で知り得た重要な情報を会社に報告しなかったとき
　（4）　営業会議への出席状況が良くなかったとき
　（5）　職場の秩序、規律を乱す行為のあったとき
　（6）　その他前各号に準ずる行為のあったとき

以上

（様式）　業績手当支給通知書

```
                                    ○○年○○月○○日
営業部○○課
○○○○殿
                                          ○○株式会社

          業績手当支給通知書（○○年○月分）
 営業成績が優秀であったため、業績手当を次のとおり支給します。
  （売上高）○○○万円
  （業績手当）○○○○円
  （支給日）○○年○月○日
                                               以上
```

第7章

特別勤務関連手当

第1節　年末年始手当
第2節　呼出手当
第3節　待機手当
第4節　宿日直手当
第5節　精皆勤手当

第1節　年末年始手当

1　年末年始手当支給の目的
　年末年始に休業することが広く普及している。多くの会社が就業規則において、年末年始を休日とすることを明記している。
　社員も、年末年始に会社が休みになることを予定し、家族とのんびり過ごしたり、実家に帰省したり、あるいは旅行に出かけたりすることを楽しみにしている。
　しかし、会社の中には、年末年始といえども休めない業務がある。例えば、装置産業の24時間連続操業の業務は、その典型である。
　また、ホテル、運輸・通信、新聞・放送業のように、年末年始も通常と同じように営業するところもある。
　さらに最近は、小売業を中心に、1月1日あるいは2日から営業するところが増えている。
　年末年始手当は、「年末年始は休みたい」という社員の一般的な思いや、年末年始には仕事を休むという古くからの風習に配慮し、業務の都合で年末年始に勤務する者に対して支給される手当である。

2　年末年始手当の決め方・運用の仕方
(1)　支給対象期間の特定
　年末年始手当を支給するときは、はじめに「年末年始の期間」を具体的に特定する必要がある。期間は、
　　・12月30〜1月3日
　　・12月31〜1月3日
　　・1月1〜3日

というように、具体的に決める。

支給対象期間は、就業規則で定められている年末年始休暇の期間を踏まえて決めるのが合理的である。

(2) 年末年始手当の支給対象者

支給対象者については、
・年末年始に出勤した者全員に支給する
・特定の業務に従事する者に限る(例えば、機械の保守点検業務に限る)

などがある。

一般的に判断して、年末年始の勤務を歓迎する者はいないであろう。このため、出勤した者全員に支給することが望ましい。

(3) 管理職の取り扱い

年末年始手当を支給する場合には、管理職の取り扱いを明確にする。

年末年始手当を支給している会社について、管理職の取り扱いを見ると、「支給している」50％、「支給していな」50％で、拮抗している。

「年末年始には出勤したくない」という気持ちは管理職も同じである、という考えに立てば、管理職にも支給すべきであろう。これに対し、「管理職には、役付手当も含めて相当の給与が支払われている」という考えに立てば、支給する必要はないであろう。

(4) 年末年始手当の決め方

年末年始手当の決め方には、
・出勤日ごとに定額で定める(定額方式)
・出勤日ごとに定率で定める(定率方式)

の2つがある。

年末年始手当を支給している会社について、これらの採用状況をみると、約7割の会社が定額方式を採用している。これは、取扱い

233

が便利で分かりやすいためであろう。

表　年末年始手当の決め方

定額方式	（例1） 12月30～1月3日の間に勤務した場合、1日につき4,000円
	（例2） 12月30～1月3日の間に勤務した場合、資格等級に応じて次の金額（1日当たり）。 ・社員1級　3,000円 ・社員2級　3,300円 ・社員3級　3,600円 ・社員4級　3,900円 ・社員5級　4,200円 ・社員6級　4,500円 ・社員7級　4,800円
	（例3） 1月1日は、9,000円。それ以外は、1日当たり7,000円
定率方式	（例1） 12月30～1月3日に勤務した場合、1日当たり次の手当を支給。 ・休日割増賃金額×0.5
	（例2） 12月31～1月3日の勤務に対し、次の手当を支給。 ・基本給の1日分相当額
その他	12月30～1月3日に勤務した場合、勤務時間に応じて次の額を支給。 ・4時間未満　　　　5,000円 ・4～6時間未満　　7,000円 ・6～8時間未満　　9,000円 ・8時間以上　　　 12,000円

3　モデル支給基準

年末年始手当支給基準

1　支給対象者

12月30日～1月3日の間に勤務する者全員に、年末年始手当を支給する。
2　支給額
　勤務1日につき、6,000円。ただし、4時間以下のときは、3,000円。
3　支給日
　1月の給与支給日に支給する。
4　支給の確定
　手当の支給対象者と支給額は、各課の課長から人事課長に提出される「年末年始勤務報告」により確定する。

以上

(様式)　年末年始勤務報告

○○年○○月○○日

人事課長殿

○○部○○課長

年末年始勤務報告

氏名	勤務日	勤務時間	業務内容	備考
1				
2				
3				
4				
5				
6				

以上

(注)　「年末年始」とは、12月30日から1月3日までの期間をいう。

第2節　呼出手当

1　呼出手当支給の目的

　緊急の事態が生じたときに、帰宅した社員を呼び出し、緊急の事態に対応させることがある。

　例えば、ITシステムの設計会社の場合、終業後に納入先から「システムに重大なトラブルが生じ、業務に著しい支障が出ているので、至急修復してほしい」という電話が入れば、帰宅した社員を呼び出し、「納入先へ行ってシステムの修復に当たるように」と指示せざるを得ない。この場合、「すでに今日の業務は終了しているので、明日対応する」と回答したら、納入先の信用を失い、以後の取引に著しい支障が生じるであろう。

　呼出手当は、緊急の事態が発生したときに、時間外の社員を呼び出して緊急の事態に対応させたときに、時間外手当とは別に特別に支給されるものである。

　なお、この手当を「緊急呼出手当」「非常就業手当」「緊急出動手当」などと呼んでいる会社もある。

2　呼出手当の決め方・運用の仕方
（1）　呼出手当の決め方
　呼出手当の決め方には、
　・定額で決める
　・定率で決める
の2つがある。

　呼出手当を支給している会社について、決め方を見ると、定額方

式が広く採用されている。これは、取り扱いが簡単で、社員にとっても分かりやすいためであろう。

定額の決め方には、
- ・一律に決める
- ・資格等級別に決める
- ・時間帯別に決める

などがある。

表　呼出手当の決め方

一律方式	1回につき、2,000円
資格等級別方式	1回につき、次の金額。 社員1級　1,500円 社員2級　1,800円 社員3級　2,100円 社員4級　2,400円 社員5級　2,700円 社員6級　3,000円 社員7級　3,300円
時間帯別方式	1回につき、次の金額。 ・午前5～午後10時　2,500円 ・午後10～午前5時　3,000円 ・休日　　　　　　　3,000円

(2)　管理職の取り扱い

呼出手当を支給するときは、管理職の取り扱いを定める。

呼出手当を支給している会社について、管理職への支給の有無を見ると、「支給していない」というところが多い。これは、
- ・管理職に対しては、役付手当を含めて相当の給与が支払われている
- ・緊急事態への対応は、管理職本来の職務である

などの理由によるものであろう。

3　モデル支給基準

呼出手当支給基準

1　呼出手当の支給

　緊急事態へ対応するために時間外に社員を呼び出したときは、呼出手当を支給する。ただし、管理職に対しては、支給しない。

2　支給額

　１回につき、次の金額。

　（１）　午前5〜午後10時　2,500円

　（２）　午後10〜午前5時　3,000円

　（３）　休日　3,000円

3　支給日

　給与支払日に支給する。

4　支給の確定

　呼出手当の支給対象者と支給額は、各課の課長から人事課長に提出される「呼出しに伴う時間外手当および呼出手当支給依頼書」により確定する。

以上

（様式）　呼出しに伴う時間外手当および呼出手当支給依頼書

○○年○○月○○日

人事課長殿

○○部○○課長

呼出しに伴う時間外手当および呼出手当支給依頼書

氏名	呼出日	勤務時間	業務内容	備考
1				
2				
3				
4				
5				

以上

第3節　待機手当

1　待機手当支給の目的

　会社は、突発的に発生する可能性のある事故・災害や、機械設備・システムのトラブルなどに備えて、勤務時間外や休日中の社員に対して、自宅や会社指定場所などで待機するように命令することがある。

　大型の台風が接近したときに、鉄道・通信・電力などの会社が、屋外設備の損壊に備えて設備保全部門の社員に対して「自宅で待機し、会社が指示したときは指示した場所に直行するように」と自宅待機を命令するのは、その典型例といえる。

　社員は、会社から待機を命令されると、自由な行動が制約される。そのような事情に配慮して、補償措置として支給されるのが待機手当である。

2　待機手当の決め方・運用の仕方
(1)　待機手当の決め方

　待機手当は、「1回当たりいくら」という定額で決められるのが一般的である。この場合、定額には、

・一律に決める

・平日・休日別に決める

・平日・休日別、かつ資格等級別に決める

・待機時間の長さに応じて決める

などがある。

表　待機手当の決め方

一律方式	平日・休日にかかわらず、1,500円
平日・休日別方式	平日　1,500円 休日　2,000円
平日・休日・資格等級別方式	・平日の場合は、次の金額。 社員1級　1,000円 社員2級　1,200円 社員3級　1,400円 社員4級　1,600円 社員5級　1,800円 社員6級　2,000円 社員7級　2,200円 ・休日の場合は、次の金額。 社員1級　1,500円 社員2級　1,800円 社員3級　2,100円 社員4級　2,400円 社員5級　2,700円 社員6級　3,000円 社員7級　3,300円
待機時間別方式	待機時間に応じて、次の金額。 4時間未満　　　2,000円 4～6時間未満　2,500円 6～8時間未満　3,000円 8時間以上　　　3,500円

（2）　管理職の取り扱い

　待機手当を支給するときは、管理職に対しても支給するかしないかを決める。一般的には、

・管理職に対しては、役付手当を含めて相当の給与が支払われている

・緊急事態への対応は、管理職本来の職務である

などの理由から、支給する必要はないであろう。

3　モデル支給基準

待機手当支給基準

1　待機手当の支給
　時間外または休日に、突発的な事態に備えて、自宅に待機させた場合に待機手当を支給する。
2　支給額
　（1）　平日に待機させたとき　1回当たり 1,500 円
　（2）　休日に待機させたとき　1回当たり 2,500 円
3　支給日
　給与支払日に支給する。
4　支給の確定
　待機手当の支給対象者と支給額は、各課の課長から人事課長に提出される「待機手当支給依頼書」により確定する。

以上

（様式）　待機手当支給依頼書

```
                                    ○○年○○月○○日
  人事課長殿
                                    ○○部○○課長
```

待機手当支給依頼書

氏名	待機命令日	待機命令の理由	備考
1			
2			
3			
4			
5			

以上

第4節　宿日直手当

1　宿日直手当支給の目的

　勤務時間終了後に、社内に宿泊して、防犯・防災のための巡視・警備、文書や電話の受付け、非常事態への対応などを行うことを「宿直」という。本来の業務は、行わない。

　これらの業務を休日に行うことを「日直」という。

　宿直も、日直も、労働らしい労働はしないのであるが、夜間や休日に一人で会社にいて非常事態に備えるわけであるから、精神的に相当緊張する。

　宿日直手当は、宿日直に対して支給される手当である。

2　宿日直手当の決め方・運用の仕方

(1)　宿直手当と日直手当

　宿日直手当の決め方には、

・宿直手当と日直手当とを区分して決める

・宿直手当と日直手当を同額とする

の2つがある。

(2)　宿日直手当の決め方

　日直手当の決め方には、

・一律に決める

・役職別に決める

・資格等級別に決める

・休日と年末年始とに区分して決める

・給与の日額の一定割合とする

243

などがある。

　宿直手当の決め方も、同様である。

表　日直手当・宿直手当の決め方

一律方式	1回につき6,000円
役職別方式	課長　　　8,000円 係長　　　7,000円 一般社員　6,000円
資格等級別方式	社員1級　5,000円 社員2級　5,500円 社員3級　6,000円 社員4級　6,500円 社員5級　7,000円 社員6級　7,500円 社員7級　8,000円
休日・年末年始別方式	休日　　　　9,000円 年末年始　15,000円
給与日額比例方式	当該者の給与日額×1／3

（3）　厚生労働省の通達

　厚生労働省では、「宿日直手当は、宿日直をする職種の社員の給与の1人1日平均額の3分の1を下回らないこと」という通達を出している。

　このため、宿日直手当は、宿日直をする職種の社員の給与の1人1日平均額の3分の1を下回らないように設定しなければならない。

　例えば、事務職の社員に対して交替で宿直を命令するときは、宿直手当は、事務職社員の給与の1人1日平均額の3分の1を下回らないように設定しなければならない。

（参考）

> 宿直勤務１日の宿直手当（深夜割増賃金を含む）、または日直勤務１日の日直手当の最低額は、当該事業場（および当該事業場の属する企業の全事業場）において、宿直または日直に就くことを予定されている同種の労働者に対して支払われている賃金（労基法37条の割増賃金の基礎となる賃金に限る）の１人１日平均額の３分の１を下回らないものであること。（昭和22．９．13発基17、昭和63．３．14基発150・婦発47）

3　モデル支給基準

宿日直手当支給基準

1　宿日直手当の支給

　業務命令により宿直または日直をした者に対して、宿日直手当を支給する。

2　支給額

　宿直手当、日直手当とも、次の金額（１回当たり）

　（１）　役職職　8,000円

　（２）　社員　6,500円

3　支給日

　給与支給日に支給する。

4　支給の確定

　宿日直手当の支給対象者と支給額は、総務部長から人事部長に提出される「宿日直報告」により確定する。

以上

(様式) 宿日直報告

〇〇年〇〇月〇〇日

人事部長殿

総務部長

宿日直報告(〇〇年〇月)

氏名	所属	宿日直をした日	宿日直の回数	備考
1				
2				
3				
4				
5				
6				
7				
8				

以上

第5節　精皆勤手当

1　精皆勤手当支給の目的

　社員が欠勤をしたり、あるいは遅刻や早退をしたりすると、生産計画や販売計画を達成できなくなる。受注品について納期を決めて製造している場合には、その納期を守れなくなる。また、小売業やサービス業など、不特定多数の消費者を相手としている業種の場合には、消費者に必要なサービスを提供することが困難となり、迷惑をかける。

　会社は、出勤率の向上に意を配る必要がある。その試みが精皆勤手当の支給である。すなわち、欠勤や遅刻・早退をしなかった者、またはその回数が少なかった者に、一定額の金銭を支給することである。

2　精皆勤手当の決め方・運用の仕方

(1)　支給対象者を決める

　精皆勤手当を支給するときは、はじめに、支給対象者の範囲を決める。

　対象者の範囲の決め方には、

　・全社員を対象とする

　・一部の職種を対象とする

の2つがある。

　全社員を対象とする場合は、管理職を対象とするかしないかを決める。一般的にいえば、管理職は、部下を指揮命令して部門の業務を達成する責任を負う立場にある。管理職が欠勤したり、あるいは

遅刻・早退を繰り返すようでは、職場の規律は保たれない。このため、管理職は除くのが妥当であろう。
（２）　手当の種類を決める
　次に、皆勤手当と精勤手当の双方を支給するか、それとも、皆勤手当のみを支給するかを決める。
（３）　支給基準を定める
　手当の支給基準を具体的に定める。例えば、
　　・皆勤手当＝算定期間中に欠勤および遅刻・早退がゼロであった者
　　・精勤手当＝算定期間中の欠勤が２日以下、または遅刻・早退が併せて４回以下の者
というように定める。
（４）　算定期間を決める
　手当の算定期間を定める。月給制に合わせて「給与計算期間の１ヶ月」とするか、それとも、２ヶ月、３ヶ月、６ヶ月、あるいは１年とするかを決める。
（５）　精皆勤手当の決め方
　精皆勤手当の決め方には、
　　・定額で決める
　　・定率で決める
の２つがある。
　これらのうち、定額制が広く採用さている。これは、取り扱いが簡単で、社員に分かりやすいためであろう。

表　精勤皆勤手当の決め方

定額制	（例１） １ヶ月を単位として、次の金額。 ・皆勤手当（欠勤・遅刻・早退・私用外出がゼロ）6,000円 ・精勤手当（欠勤２日以下、または遅刻・早退・私用外出の合計が４回以下）3,000円
	（例２） ３ヶ月の勤務成績に応じて、次の金額。 ・皆勤手当（無欠勤・無遅刻・無早退）12,000円 ・精勤手当（欠勤３日以下、または遅刻・早退６回以下）4,000円
定率制	１ヶ月を単位として、次の金額。 ・皆勤手当（欠勤・遅刻・早退がゼロ）基本給×３％ ・精勤手当（欠勤２日以下、または遅刻・早退・私用外出が４回以下）基本給×１％

(6)　廃止の動き

　社員は、就業規則を遵守する義務がある。就業規則に「勤務日は、月曜〜金曜、勤務時間は、午前８〜午後５時」と記載されていれば、それに従って勤務すべき義務がある。欠勤、遅刻および早退は、「会社との間で締結した労働契約を守っていない」ということであり、本来的に許されないことである。

　精皆勤手当は、「社員が本来的守るべきことを守って勤務した場合に褒賞金を支給する」というもので、合理的とはいえないであろう。

　精皆勤手当をパートや契約社員などの非正社員に支給するのは適切であるとしても、正社員に支給するのは適切とはいえないであろう。

　このため、近年、この手当を廃止する会社が増えている。

3　モデル支給基準

精皆勤手当支給基準

1　精皆勤手当の支給
　１ヶ月を通して勤務成績の良かった者に対して、精皆勤手当を支給する。
　　（１）　皆勤手当　　欠勤、遅刻、早退および私用外出がゼロであった者
　　（２）　精勤手当　　欠勤が２日以下、または遅刻・早退・私用外出が合わせて４回以下であった者
2　支給額（月額）
　　（１）　皆勤手当　6,000 円
　　（２）　精勤手当　3,000 円
3　支給日
　翌月の給与支給日に支給する。

以上

(様式)　精勤皆勤手当支給一覧

精皆勤手当支給一覧（〇〇年〇〇月）

人事部

氏名	所属	欠勤日数	遅刻・早退等の回数	精皆勤手当	備考
1					
2					
3					
4					
5					
6					
7					
8					

以上

第8章

自己啓発・健康管理手当

第1節　自己啓発手当
第2節　リフレッシュ手当
第3節　人間ドック手当
第4節　健康管理手当

第1節　自己啓発手当

1　自己啓発手当支給の目的
　現在は、変化の激しい時代である。経営と職場を取り巻く環境は、常に激しく変化・流動している。
　このような状況に柔軟・適切に対応し、長く職業生活を続けていくには、常に自己啓発に努めることが必要である。仕事が忙しいと、忙しいことを理由として自己啓発を怠りがちであるが、それでは時代と社会への適応力が低下する。
　社員が自分の意思で啓発活動に取り組むことは、会社にとってもプラスである。このため、一定の手当を支給することにより、自己啓発を側面的に支援し奨励することが望ましい。

2　自己啓発手当の決め方・運用の仕方
（1）　自己啓発手当の支給対象者
　自己啓発手当の支給対象者については、
・特定の職種の者に限定する（例えば、研究職、技術職、経営企画職に限定する）
・総合職、幹部社員に限定する
・すべての社員を対象とする
などが考えられる。
　自己啓発は、職種、職掌、職位などにかかわらず、すべての社員にとって必要なことである。したがって、自己啓発手当支給制度は、職種、職掌、職位などを問わず、すべての社員を対象にして実施するのが望ましい。

（2） 自己啓発の方法

自己啓発には、
- ・経済書、専門書、雑誌、新聞を読む
- ・通信講座を受講する
- ・語学教室に通う
- ・専門学校に通う
- ・異業種交流会に参加する
- ・テレビ、ラジオの講座を視聴する

など、各種の方法がある。

どのような方法で自己啓発を行うかは、各人の判断に委ねるのがよい。

（3） 自己啓発手当の支給方法

手当の支給については、「社員が経済書、専門書を購入したときに、その費用の半額を支給する」「通信講座を受講した社員に、その受講料の3分の2を支給する」などのように、実費補償的に取り扱うという方法もある。しかし、そのような個別対応は、あまりにも煩雑である。

それよりは、「自己啓発に取り組みたい」と手を挙げた者に対して、毎月一定額を支給するという方法を採用するほうがベターである。

（4） 自己啓発手当の決め方

毎月一定額を支給する場合、その金額は、職種、職掌、職位などにかかわりなく、全員同額とする。なぜならば、自己啓発の方法や、その所要金額は、職種などによって差があるとは考えられないからである。

3　モデル支給基準

自己啓発手当支給基準

1　自己啓発手当の支給

　社員の自己啓発を奨励・支援するため、自己啓発手当を支給する。自己啓発の方法は、問わないものとする。

2　支給対象者

　自己啓発に取り組むことを申し出た者全員。職種、職掌および職位等は、問わないものとする。

3　支給額

　毎月 5,000 円

4　支給期間

　毎年 4 月～翌年 3 月の 1 年

5　支給日

　給与支給日に支給する。

6　支給の手続き

　手当の受給を希望する者に対し、毎年 2 月末日までに「自己啓発手当支給申請書」を所属長を通じて提出することを求める。

以上

(様式)　自己啓発手当支給申請書

　　　　　　　　　　　　　　　　　　　　　　　○○年○○月○○日
○○株式会社殿
　　　　　　　　　　　　　　　　　　　　　　　　　　○○部○○課
　　　　　　　　　　　　　　　　　　　　　　　　　　○○○○印

　　　　　　　　　　　　自己啓発手当支給申請書
1　自己啓発の方法（予定）（複数回答可）
　□経済書、専門書、雑誌、新聞の購読
　□通信講座の受講
　□語学教室への通学
　□専門学校への通学
　□異業種交流会への参加
　□テレビ、ラジオの講座の視聴
　□その他（　　　　　　　　）
2　自己啓発の期間
　○○年4月～○○年3月
　　　　　　　　　　　　　　　　　　　　　　　　　　　　　以上

(注)　2月末日までに所属長を経由して提出すること。

第2節　リフレッシュ手当

1　リフレッシュ手当支給の目的
　会社生活を10年、20年、さらには30年と長く続けていると、仕事には精通する。要領よく仕事ができるようになる。
　しかし、その一方において、考え方が硬直的・保守的・現状維持的となる。行動様式も、どうしてもマンネリとなる。また、創造力、企画力、応用力などが低下する。
　現在、経営環境の変化が激しい。激しい変化に柔軟かつ的確に対応するためには、定期的に心身のリフレッシュを図る必要がある。
　こうした状況に対応し、リフレッシュ休暇制度を実施ている会社が少なくない。これは、勤続が一定年数に達した者を一定期間仕事から解放し、心身のリフレッシュを図らせるというものである。
　心身のリフレッシュを行うには、それ相応の費用が必要となる。このため、休暇と同時に、金銭面での支援を行うのがよい。
　リフレッシュ手当は、リフレッシュ休暇を取得してリフレッシュを図る者に対して一定の金銭を支給するというものである。

2　リフレッシュ手当の決め方・運用の仕方
(1) リフレッシュ手当の支給対象者
　リフレッシュ手当の支給対象者は、勤続年数が一定の年数に達し、リフレッシュ休暇を取得する者とする。
(2) リフレッシュ手当の決め方
　リフレッシュ手当は、職種、職掌および職位などにかかわらず、全員同額とするのが公平である。職種などによって、リフレッシュ

の方法に大きな差異があるとは考えられないからである。
(3) リフレッシュ手当の使途
　リフレッシュ手当の使途は、特に問わないものとする。

3　モデル支給基準

リフレッシュ手当支給基準

1　リフレッシュ手当の支給
　勤続が次の年数に達し、リフレッシュ休暇を取得する者に対して、リフレッシュ手当を支給する。
　満10年、15年、20年、25年、30年、35年、40年
2　支給額
　各勤続年数ごとに、50,000円。
3　手当の使途
　特に問わない。
4　支給の手続き
　手当の受給を希望する者に対し、「リフレッシュ手当支給申請書」の提出を求める。

以上

(様式1) リフレッシュ手当支給申請書

○○年○○月○○日

○○株式会社殿

○○部○○課

○○○○印

リフレッシュ手当支給申請書

1　リフレッシュの方法（予定）

　□国内旅行

　□海外旅行

　□人間ドックの受診

　□その他（　　　　　　　）

2　リフレッシュ休暇の期間

　○○年○月○日（　）〜　○○年○月○日（　）

以上

(参考) リフレッシュ休暇規程

リフレッシュ休暇規程

（総則）
第1条　この規程は、リフレッシュ休暇について定める。
2　会社は、勤続が一定年数に達した社員に対して、心身のリフレッシュを図るための休暇を与える。
（適用者の範囲）
第2条　この規程は、すべての社員に適用する。
（付与の時期）
第3条　会社は、毎年4月1日現在において勤続が次の年数に達した者に、リフレッシュ休暇を与える。
　　　満10年、15年、20年、25年、30年、35年、40年
（休暇の日数）
第4条　リフレッシュ休暇の日数は、別表のとおりとする。
（給与の取り扱い）
第5条　リフレッシュ休暇は、有給とする。
（休暇の取り方）
第6条　リフレッシュ休暇は、原則として連続して取得しなければならない。
（休暇の取得期間）
第7条　リフレッシュ休暇は、原則としてその年度の6月1日以降9月30日までの間に取得しなければならない。
2　前項に定める期間に取得しなかったときは、その権利は消滅する。
（取得届）
第8条　リフレッシュ休暇を取得するときは、あらかじめ会社に届け出なければならない。
（付則）
　　　この規程は、　　年　月　日から施行する。

(別表)リフレッシュ休暇の日数

勤続年数	休暇日数
10年	10日
15年	5日
20年	10日
25年	5日
30年	10日
35年	5日
40年	10日

(注) 週休日は含まない。

(様式2) リフレッシュ休暇取得届

〇〇年〇〇月〇〇日

取締役社長殿

〇〇部〇〇課

〇〇〇〇印

リフレッシュ休暇取得届

1	取得年月日	年 月 日～ 年 月 日(日間)
2	休暇の使い方	
3	その他	

以上

第3節 人間ドック手当

1 人間ドック手当支給の目的

　職業生活を継続していくうえで、健康管理はきわめて重要である。
　いくら職務に関して優れた技術・技能あるいは知識を持っていても、健康でなければ会社に貢献することはできない。
　社員は、日ごろから健康の維持・増進に努めると同時に、疾病の早期発見と予防に気を配ることが求められている。
　疾病の早期発見と予防において、人間ドックが果たす役割はきわめて大きい。人間ドック手当は、人間ドックの受診に要する費用の全部あるいは一部を支給するというもので、社員の健康対策として重要である。

2 人間ドック手当の決め方・運用の仕方

（1）　人間ドック手当の支給対象者

　疾病の早期発見と予防がいかに重要であるといっても、若いうちは、あまり病気への関心が高くはない。
　また、一般に、病気のリスクが高くなるのは、年齢が高くなってからである。
　人間ドック手当の支給については、
　・年齢にかかわりなく支給する
　・一定の年齢以上の者に支給する
の2つがある。
　いずれを選択するかは、もとより会社の自由であるが、健康への関心の程度や疾病のリスク等を考えると、一定の年齢以上の者（例

えば、35歳以上、40歳以上、あるいは45歳以上）に限定するのが現実的であろう。

現在、人間ドック手当を支給している会社をみてみると、「35歳以上」あるいは「40歳以上」としているところが多い。

（2） 配偶者も対象に加える

本人が健康であっても、配偶者が健康を損ねると、家事をはじめとする日常生活の負担が重くのしかかる。その結果、心身の疲労が増大するなどして、会社生活に著しい支障が生じる。

また、病気の早期発見と予防は、もともと配偶者にとっても必要なことである。

このような点を考慮すると、人間ドック手当は、社員本人にとどまらず、その配偶者にも支給することが望ましい。

（3） 人間ドック手当の決め方

人間ドック手当の決め方には、
・受診費用の全額を支給する
・受診費用の一定割合を支給する
・定額を支給する
などがある。

配偶者も支給対象とする場合の取り扱いには、
・本人と同じ取り扱いをする
・本人と異なる取り扱いをする
の2つがある。

配偶者についても支給している会社について、その取り扱いをみると、「本人と異なる取り扱いをする」というところが多い。

3　モデル支給基準

人間ドック手当支給基準

1　人間ドック手当の支給

　35歳以上の者が人間ドックを受診する場合、人間ドック手当を支給する。配偶者にも、支給する。

2　支給額

　本人は、受診料の80％、配偶者は受診料の50％を支給する。ただし、本人、配偶者とも、50,000円を限度とする。

3　支給の手続き

　手当の受給を希望する者に対し、受診後2週間以内に「人間ドック手当申請書」の提出を求める。

以上

(様式)　人間ドック手当申請書

```
                                      ○○年○○月○○日
○○株式会社殿
                                      ○○部○○課
                                      ○○○○印
```

人間ドック手当申請書

	本人	配偶者
1　受診日		
2　受診機関		
3　人間ドックの種類・名称		
4　受診料		
備考		

以上

第4節　健康管理手当

1　健康管理手当支給の目的

　職業生活・会社生活を送っていくうえにおいて、健康はきわめて重要である。健康の重要性は、いくら強調しても強調しすぎることはない。

　健康を維持・増進するには、本人の努力が必要である。すなわち、本人が健康の重要性を認識し、日常から規則正しい生活を送るなどして健康の維持・増進に心がけることが大切である。

　病気になり、病床に身を横たえて、はじめて健康の大切さ・ありがたさを痛感する者が少なくないが、それでは遅すぎる。

　会社としては、定期的な健康診断にとどまらず、社員の健康管理に前向きに取り組むことが望ましい。

　健康管理手当は、健康の重要性への自覚を高めるとともに、健康への日常的・自主的・積極的な取り組みを促す目的で支給されるものである。

2　健康管理手当の決め方・運用の仕方

（1）　健康管理手当の支給対象者

　一般に、年齢が高くなればなるほど、健康を害しやすい。

　また、若いうちは、基礎体力があるため、病気になっても比較的早期に回復できる。しかし、年齢が高くなると、回復が遅くなる。

　健康管理手当は、「健康の重要性への自覚を高めるとともに、健康への日常的・自主的・積極的な取り組みを促すこと」を目的として支給されるものである。すべての社員を支給対象とすることが望

ましいが、支給原資が限られている場合には、一定の年齢以上の者に制限するのも止むを得ないであろう。

(2) 健康管理の方法

健康管理には、
- ・規則正しい生活を送る
- ・食事のバランスに配慮する
- ・暴飲・暴食などの不摂生を慎む
- ・飲酒・喫煙を抑制する
- ・定期的にスポーツ・体操をする
- ・生活習慣病の検診を受診する
- ・婦人科検診（子宮がん・乳がん検診）を受診する
- ・人間ドックを受診する

など、さまざまな方法がある。

また、インフルエンザが流行したとき、あるいは流行することが見込まれるときに、予防ワクチンの接種を受けたり、マスクを着用したりすることも、重要な健康管理対策である。

さらに、最近は、職場環境が厳しさを増す中で、精神面での不調に陥る者が増加しており、メンタルヘルスへの関心が高まっている。このため、メンタルヘルス対策も重要性を増している。

どのような方法で健康管理を行うかは、本人の自由に委ねる。

(3) 健康管理手当の決め方

健康管理手当は、「1ヶ月当たりいくら」という形で、1ヶ月を単位として定額で決めるのが便利である。

この場合、定額の決め方には、
- ・全員一律とする
- ・年齢区分に応じて決める
- ・役職別に決める

などがある。

年齢や役職によって、健康管理の方法が大きく変わるということは、考えにくい。このため、健康管理の方法を各人の自由に委ねるときは、健康管理手当の支給額は、全員同額とするのが妥当である。

(4) 支給の手続き

健康管理手当は、健康の重要性への自覚を高めるとともに、健康への日常的・自主的・積極的な取り組みを促す目的で支給されるものである。

このような支給目的からすると、年度のはじめに「健康管理に積極的・計画的に取り組むこと」を誓約した者に対して支給するという方法にするのがよい。そして、誓約書を提出した者に対して、毎月、所定の手当を支給する。

その年度が終了したときは、また改めて誓約書の提出を求め、提出した者に対してさらに1年支給する。以後も、同様とする。

表　健康管理手当の決め方（月額）

一律方式	5,000 円
年齢区分方式	年齢区分に応じて、次の金額。 ・40歳代　4,000 円 ・50歳代　6,000 円 ・60歳代　8,000 円
役職別方式	職位に応じて、次の金額。 社員　　5,000 円 係長　　7,000 円 課長　 10,000 円 部長　 15,000 円

3　モデル支給基準

健康管理手当支給基準

1　健康管理手当の支給

　4月1日現在、40歳以上の者のうち、日常的に、健康の維持・

増進に自主的・積極的に取り組むことを表明した者に対して、健康管理手当を支給する。

　なお、健康の維持・増進の方法は、特に問わないものとする。
2　支給額

　月額 5,000 円
3　支給期間

　毎年 4 月～翌年 3 月の 1 年
4　支給日

　給与支給日に支給する。
5　支給の手続き

　健康管理手当の受給を希望する者に対し、毎年 2 月末日までに「健康管理手当支給申請書」を所属長を通じて提出することを求める。

以上

（様式）　健康管理手当支給申請書

〇〇年〇〇月〇〇日

〇〇株式会社殿

〇〇部〇〇課

〇〇〇〇印

健康管理手当支給申請書

1　現在の健康状況
　□きわめて良好
　□良好
　□やや問題あり
　□問題あり

2　健康管理の方法（予定）

　次のうち、1つ、または2つ以上により、健康の維持・増進に努めます。
　□規則正しい生活
　□バランスの取れた食事
　□飲酒・喫煙の抑制
　□定期的なスポーツ・体操
　□生活習慣病検診の受診
　□婦人科検診（子宮がん・乳がん検診）の受診
　□人間ドックの受診
　□肝炎ウィルス検診の受診
　□結核検診の受診
　□定期的ストレスチェックの実施
　□その他

3　手当の受給期間
　〇〇年4月から1年

以上

（注）　2月末日までに所属長を経由して提出すること。

【著者紹介】
荻原　勝（おぎはら　まさる）
東京大学経済学部卒業。人材開発研究会代表。経営コンサルタント

〔著書〕
『多様化する給与制度実例集』、『役員・執行役員の報酬・賞与・退職金』、『新卒・中途採用規程とつくり方』、『失敗しない！新卒採用実務マニュアル』、『節電対策規程とつくり方』、『法令違反防止の内部統制規程とつくり方』、『経営管理規程とつくり方』、『経営危機対策人事規程マニュアル』、『ビジネストラブル対策規程マニュアル』、『社内諸規程のつくり方』、『執行役員規程と作り方』、『執行役員制度の設計と運用』、『個人情報管理規程と作り方』、『役員報酬・賞与・退職慰労金』、『取締役・監査役・会計参与規程のつくり方』、『福利厚生規程・様式とつくり方』、『すぐ使える育児・介護規程のつくり方』（以上、経営書院）など多数。

現住所：〒251-0027　藤沢市鵠沼桜が岡3-5-13
ＴＥＬ：0466（25）5041
ＦＡＸ：0466（25）9787

諸手当の決め方・運用の仕方

2014年8月24日　第1版第1刷発行

著　者　荻原　　勝
発行者　平　　盛之

発行所　㈱産労総合研究所
出版部　経営書院

〒102-0093　東京都千代田区平河町2-4-7　清瀬会館
電話　03（3237）1601　振替　00180-0-11361

落丁・乱丁はお取り替えします。　　印刷・製本　勝美印刷
ISBN978-4-86326-179-2